Manfred Blechschmidt

Erzgebirge
Sachsens silbernes Bergland

Ein Landschaftsbuch

Husum

Fotos von Christoph Georgi, Schneeberg

Umschlagbilder (v.l.n.r.): Greifensteine, Holzschleppen an der Morgenleithe, Silbermannorgel im Freiberger Dom, Schwarzenberg mit Schloß, Schneeberger Fahnengruppe

Die Deutsche Bibliothek – CIP-Einheitsaufnahme

Blechschmidt, Manfred:
Erzgebirge – Sachsens silbernes Bergland : ein Landschaftsbuch / Manfred Blechschmidt. – Husum : Husum Druck- u. Verlagsges., 1992
ISBN 3-88042-573-6

Satz: Fotosatz Husum GmbH
Druck und Verarbeitung: Husum Druck- und Verlagsgesellschaft
Postfach 1480, D-2250 Husum
ISBN 3-88042-573-6

Nun ist mir das sächsische Hochland oder Erzgebirge vorzüglich wert, teils durch seinen eigentümlichen Charakter, vorzüglich durch den frommen, tüchtigen Geist des Volkes, das dort lebt. Leicht kann ich ja jährlich ein- und mehrmal Ausflüge dahin machen und so recht mit jenen Gegenden bekannt und vertraut werden.

Ludwig Richter
(In: „Erinnerungen eines deutschen Malers“)

Eine Landschaft stellt sich vor

Ist es nicht so, als hafte der Bezeichnung „Erzgebirge“ ein Ruch von feuchtem Lehm, glänzenden Steinen, tropfenden Gängen an? Die Schätze, die der Bergmann in gefahrvoller Arbeit dem Inneren der Erde entreißt, gaben dem Gebirge seinen Namen.
Wie ein Riegel schiebt es sich beinahe im rechten Winkel vom Thüringer Wald, Oberpfälzer- und Böhmerwald in varistischer Richtung, vom Südwesten nach Nordosten, selbst Teil einer großen Mitteleuropäischen Mittelgebirgsschwelle. Die in der Nähe des Kammes verlaufende Staatsgrenze trennt Sachsen von Böhmen. Paßstraßen von hüben nach drüben, der Gebirgslage wegen schwer zugängig, waren über die Zeiten hinweg Klammern und verbanden zwei Lebensräume wirtschaftlich und kulturell miteinander.
Das Erzgebirge ist neben dem Vogtland mit seinem Elstergebirge, dem Elbsandsteingebirge und Lausitzer Bergland, das Hauptgebirge des Freistaates Sachsen. 140 Kilometer ist es lang und 60 bis 75 km breit. Das ergibt eine Fläche von etwa 4000 Quadratkilometer. Es erstreckt sich vom Quellgebiet der Weißen Elster und den Ausläufern des Fichtelgebirges im Südwesten bis zum Elbsandsteingebirge im Nordosten. Seiner Großform nach ist es eine Pultscholle. Sie wurde als Teil des varistischen Faltengebirges im Karbon hochgewältigt und im Laufe des Mesozoikums, des Erdmittelalters, wieder eingeebnet. Zur Zeit der alpidischen Gebirgsbildung, im Tertiär, wurde der alte Gebirgsrumpf durch den Druck, der bei der Ausformung der Alpen entstand, zerbrochen und Teile davon erneut angehoben. So entstanden als Rumpfschollengebirge der Thüringer Wald, Harz und andere deutsche Mittelgebirge, unter ihnen auch das Erzgebirge.
Durch die einseitige Hebung macht das Erzgebirge vom Nordböhmischen Becken, vom Süden, einen ausgeprägteren Gebirgseindruck als vom Norden her. Der Südabfall des Gebirges ist kurz und steil, oft keine 5 Kilometer breit und hat einen Höhenunterschied bis zu 500 Meter. Vom Norden aus

steigt das Gebirge etwa 40 Kilometer weit allmählich an. Hochflächen, sogenannte Rumpfflächen, herrschen vor. Lediglich die wasserreichen Flüsse, die der Nordabdachung folgen, zerschneiden das Land: Flöha, Zschopau, Wilde Weißeritz. Die größten unter ihnen sind die Zwickauer Mulde, aus dem Vogtland kommend, 128 Kilometer lang, und die Freiberger Mulde, die ihr Quellgebiet im Böhmischen hat und eine Länge von 107 Kilometern aufweist. In Sermuth bei Grimma vereinigen sich die beiden Muldenflüsse, um später die Elbe zu speisen. Mit ihren Zuläufen, Bächen und Rinnsalen entwässern beide das westliche und mittlere Erzgebirge.
Das Flöhatal zwischen Olbernhau und dem Gebirgsrand bei der Stadt Flöha gilt allgemein als Trennlinie zwischen dem West- und dem Osterzgebirge. Die beiden Landschaften zu unterscheiden, hat geologische und kulturhistorische Ursachen.

Suchen der Erzvorkommen mit der Wünschelrute (nach Agricola)

Das Westerzgebirge ist stärker herausgehoben als der Ostteil des Gebirges. Höhen von über 1000 Meter sind häufig, ebenso Taleinschnitte von 300 Metern und mehr. Der höchste Punkt des Gebirges liegt jenseits der Staatsgrenze, in der ČSFR, es ist der Keilberg mit 1244 Metern Höhe. Ihm gegenüber erhebt sich die Glimmerschiefergruppe mit Sachsens höchstem Berg, dem Fichtelberg, 1214 Meter hoch. An seinem Fuß liegt der Kurort Oberwiesenthal, Deutschlands höchstgelegene Stadt.
Vorwiegende Grundgesteine sind Glimmerschiefer und Phyllite. Stellenweise ist der Granit durchgebrochen, so beim Eibenstocker Granitmassiv. Es kam auch zu Überlagerungen aus basaltischen Deckresten, wie das die Kegelberge zeigen. Diese Basaltkuppen gleichen Essenköpfen: Pöhlberg, Scheibenberg mit seinen orgelpfeifenartigen Säulen, Bärenstein, Haßberg, Hirtstein mit dem ausgeprägten Basaltfächer und der im Böhmischen liegende Gottesgaber Spitzberg. Einige Basaltberge gibt es auch im Osterzgebirge: Geising, Luchberg und Wilisch.
Das Osterzgebirge ist weniger hoch. Höhenlagen von 900 Metern sind selten. In diesem Gebiet wird die Landwirtschaft auch in den oberen Lagen betrieben. Rodeflächen drängten vor Jahrhunderten den Wald auf unwegsames Land zurück. Hochflächen herrschen vor, die gelegentlich von Härtlingen überragt werden. Spötter sagen deshalb auch: Das Gebirge sei eines ohne Berge. Anders als im Westerzgebirge sind hier die Gneise bestimmend.
Die Berge des Erzgebirges sind weithin mit Wald bewachsen. Nadelholzbestände, Monokulturen, im vorigen Jahrhundert begründet, herrschen vor. Viele von ihnen sind durch die Umwelt geschädigt. Die Schäden zu mindern und auf ein erträgliches Maß zu halten, gilt als vordringliche Aufgabe der Forstwirtschaft. Zwischendurch gibt es auf fast ebenen Flächen Hochmoore mit einer ihnen arteigenen Tier- und Pflanzenwelt. Stellenweise hat der Gebirgswald subalpinen Charakter. In ihm leben Hoch-, Reh-, Schwarz- und verschiedenes Niederwild, Raubwild und Raubzeug. Verhältnismäßig artenreich ist die Vogelwelt.
An anderen Gebirgen gemessen, wurde das Erzgebirge spät besiedelt. Auf vier Siedlungsbahnen drangen im 12. und 13. Jahrhundert deutsche Bauern aus dem Westen in den obersächsischen Raum vor. Eine davon, die mitteldeutsche Siedlungsbahn, führte von Thüringen und dem deutschen Westen in die Ebenen und das mittlere Gebirgsland. Wesentliche Teile des Erzgebirges wurden jedoch von der aus dem mainfränkischen Raum vordringenden Siedlungsbahn erfaßt.
Heute zählt das Erzgebirge zu den bevölkerungsreichsten Mittelgebirgen in Deutschland. Lang strecken sich die Dörfer in den Flußniederungen dahin. Obwohl die Großraumwirtschaft in der Bodenbestellung die Grenzen verwischte, lassen sich die alten, ursprünglichen Waldhufen noch erkennen.
Dort, wo sich der Bergbau entfalten konnte, konzentrierten sich die Men-

schen. Die Siedlungen wuchsen rasch zu Städte heran: Freiberg, Schneeberg, Annaberg, Marienberg. Auch kleinere Stadtsiedlungen haben sich unter dem Einfluß des Bergbaus gebildet, wie Eibenstock, Johanngeorgenstadt, Geyer, Ehrenfriedersdorf, Thum, Zinnwald oder Altenberg.
Die Erzlagerstätten sind unterschiedlich entstanden. In ihnen treten gewöhnlich verschiedene Erze miteinander vergesellschaftet auf. Das Zentrum des Erzganggebietes ist Freiberg. Um Zinnwald und Ehrenfriedersdorf herrschen Zinn- und Wolframerze vor, im Westerzgebirge, um Schneeberg und Johanngeorgenstadt, Silber-, Wismut-, Kobalt-, Nickel- und Uranerze.
Nachdem das Bergwesen im 18. Jahrhundert völlig erlag, fand die Gebirgsbevölkerung in anderen Verrichtungen einen Broterwerb. In Beierfeld stellt man Blechwaren her, in Schönheide Bürsten, in Eibenstock Stickereierzeugnisse, in Annaberg Posamenten, in Thalheim Strümpfe und in Glashütte Uhren. Aus den Bergleuten der Seiffener Gegend wurden Holzdrechsler und Spielzeugmacher.
Der sich nach dem Krieg explosionsartig entwickelnde Bergbau auf Uran-

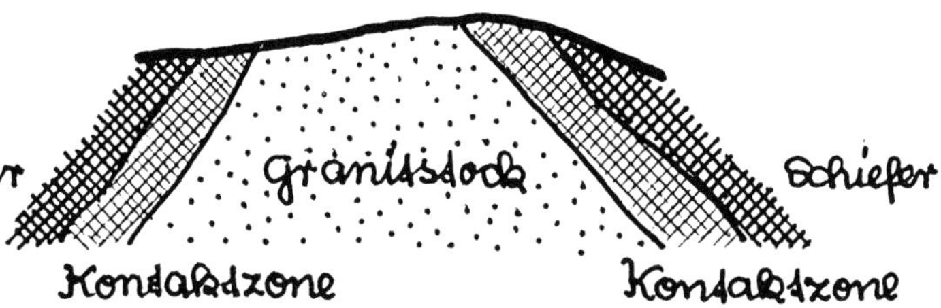

Schematische Darstellung eines Granitstocks und seiner Kontaktzone

Schematische Darstellung des allmählichen Gebirgsanstiegs von Norden her

pechblende war nur von kurzer Dauer und ist eingestellt. Die Schachtanlagen sind abgerissen oder werden verwahrt, die Abraumhalden rekultiviert.
Das in Sachsen sonst herrschende Übergangsklima mit dem Wechsel von ozeanischen und kontinentalen Einflüssen wird im Erzgebirge durch die Höhenlage differenziert. Je höher die Ortslage ist, desto feuchter und kühler wird es. Auf den höchsten Erhebungen werden Niederschlagsmengen von 1200 mm im Jahr gemessen. In den oberen Lagen ist das Winterklima rauh. Dafür sind die Sommertemperaturen gemäßigt und die Luft ist angenehm kühl. Das obere Erzgebirge gilt deshalb als schneesicher. Dadurch ist es besonders für den Wintersport geeignet.
Viele Orte haben sich auch für den Sommeraufenthalt zu Kurorten oder Feriengemeinden entwickelt. Heilbäder, mit spektakulärem Ausmaß, wie auf der böhmischen Gebirgsseite, gibt es nicht. Jedoch haben die bestehenden einen guten Ruf, wie Warmbad Wolkenstein, Wiesenbad, Antonshöhe, Berggießhübel oder Bad Gottleuba. Oberschlema war einmal das stärkste Radiumbad der Welt. Durch den Uranerzbergbau wurden Bad und Quelle zerstört.
Wohl kaum in einer anderen deutschen Landschaft sind die Bewohner traditionsbewußter als im Erzgebirge. Sie halten an ihrer Mundart fest, an ihren Volkskünsten, überlieferten Sitten und Bräuchen. Unübersehbar wird das in der Weihnachtszeit. Im allgemeinen gelten sie als bescheiden und genügsam, ein Erbe der bergmännischen Vorfahren.
Lassen wir uns davon überzeugen, was H. Leupold 1868 entdeckte, als er das Gebirge durchstreifte: „Ins Gebirge! Da wehet andere Luft, würziger duftet Wald und Wiese, reicher ist die Abwechslung von Berg und Tal; anders sind die Pflanzen, anders sind die Leute. Treuherzig ist ihre Mundart und ihr Wesen …“

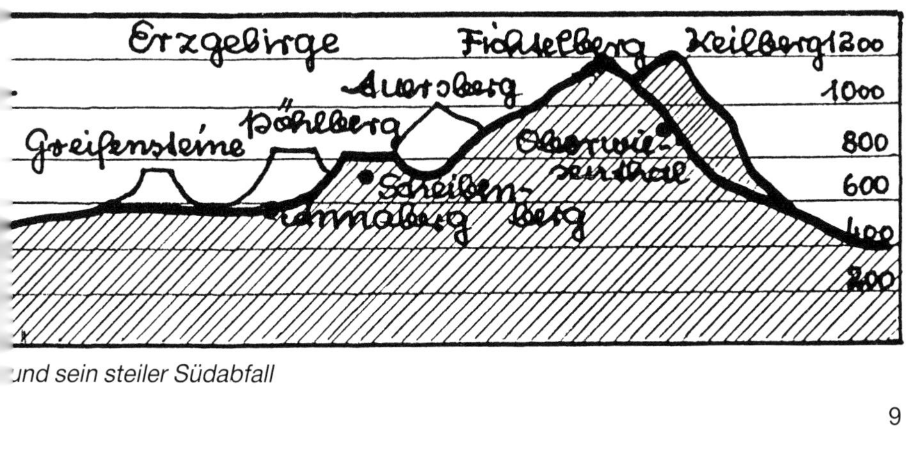

und sein steiler Südabfall

Auf der Fahrt nach Oberwiesenthal sind die „Orgelpfeifen" gut zu betrachten

Zwickau ist die Geburtsstadt von Robert Schumann

Zwickau ist die viertgrößte Stadt Sachsens. Oft wird ihr Name mit einer Beifügung versehen, wie „Robert-Schumann-Stadt“, „Stadt der Automobilbauer“, oder von früher herrührend, „Stadt der sächsischen Steinkohle“. Sicher ließen sich noch andere finden. Sie alle weisen auf Zwickaus Bedeutung im wirtschaftlichen und kulturellen Geschehen des Landes hin.
Zwickau ist eine der ältesten Städte an der Mulde. Hier, an der Stelle, wo der „Böhmische Steig“, die Altstraße von Halle, Leipzig nach Prag über die Mulde wegführte, waren eine Zollstätte, Siedlung und Burg entstanden. In den Urkunden wird 1118 erstmals die Siedlung „Zwiccow“ erwähnt, woraus im Geschichtsverlauf „Zwickau“ wurde.
Die Sage will es freilich anders wissen. In der einen Erzählart heißt es, daß Kaiser Heinrich I., nach einem Besuch der ihm viel zu klein erschienen Siedlung ausgerufen habe: „Cynea, du bist gar zu verzwickt! Du sollst fürder Zwickau heißen!“ In einer anderen Sage dagegen wird die Tapferkeit der Männer gelobt, die dem Kaiser auf einem Kriegszug gegen Böhmen folgten. Da habe ihnen der Herrscher in einem Freiheits- oder Gnadenbrief gestattet, Zwickelbärte zu tragen, ein Recht, das sonst nur Rittern zukam. Und so sei aus der „Stadt der zwickelbarttragenden Männer“ kurz „Zwickau“ geworden.
Mitten in der Altstadt steht die Marienkirche. Ihr Turm überragt alle Häuser. Sicherlich ist es Legende, daß gerade von dieser Stelle aus begonnen worden sei, den Urwald zu roden. Bertha, die blonde Gattin des Wiprecht von Groitzsch, habe im oben genannten Jahr 1118 dem Kloster Bosan bei Zeitz zu Ehren der Mutter Gottes eine Kirche gestiftet. Und da der Abt und die Klosterbrüder hier bleiben wollten, gewannen sie aus dem Waldland ihren Ackerboden. Belegt ist, daß es schon zu Beginn des 12. Jahrhunderts die Kirche Sankt Marien gab, freilich in einem bescheidenen Ausmaß. Runde hundert Jahre später kam noch eine zweite Kirche hinzu, die von Sankt Katharinen.
Durch Tuchmacherei und Fernhandel entwickelte sich die Muldensiedlung und hatte zeitweise sogar den Status einer Reichsstadt. Zwickaus Blüte setzte aber erst nach 1470 ein. Da war die reiche Ausbeute an Silber in den erzgebirgischen Bergwerken dazugekommen. Viele Zwickauer Stadtbürger legten ihr Geld in Kuxe an und verbanden sich so mit dem Bergbau.
Das brachte auch eine kulturelle Entwicklung mit sich. An der Zwickauer Lateinschule lehrte von 1519 bis 1522 der Humanist, Arzt und Mineraloge Georgius Agricola. Bekannt war die Stadt wegen ihrer Handwerkerzünfte. Um 1500 gehörten der Zwickauer Tuchmacherzunft über 300 Meister an.

Melanchton sagte deshalb von der Stadt: „Eine Perle in diesen Landen ist Zwickau von jeher gewesen, weil es über Zucht und Sitte mit größerer Strenge wacht als die meisten anderen Städte und weil es fruchtbar ist an Talenten und viele Bürger gehabt oder noch hat, die durch ihre Bildung so hervorragen, daß sie ganz Deutschland zur Zier gereichen. In Kunst und Technik übertrifft Zwickau alle Städte im Lande."
Doch auch das wird von Zwickau aus jener Zeit berichtet: Seit der Fürst im Jahre 1518 in Zwickau ein Fastnachtsturnier abgehalten hatte, wurden die Fleischer der Stadt berühmt wegen ihrer Kunst des Prellens. Durch sie war es rasch zu einer beliebten Volksbelustigung geworden. 22 Fleischer einheitlich gekleidet, prellten einen in eine Kuhhaut eingenähten Menschen hoch in die Luft, um ihn im nächsten Moment wieder aufzufangen. Erst 1610, als sich dabei ein Geprellter den Hals brach, ließ man von dieser „Volksbelustigung" ab.
Von 1520 bis 1521 predigte Thomas Müntzer in den Kirchen Sankt Marien und Sankt Katharina. In Zwickau vollzog sich sein großer Wandel. Unter dem Einfluß der breiten Volksbewegung wurde aus dem Lutheraner ein Revolutionär. „Derhalben mußt du, gemeiner Mann, selber gelehrt werden, auf daß du nicht länger verführet würdest", predigte er von der Kanzel. Müntzer hatte Verbindung bei den Wiedertäufern gefunden. Er entwarf ein revolutionäres Programm zur Beseitigung des Feudalsystems und begann ein Bündnis zwischen der städtischen Armut und den Bauern herzustellen.
Luther, gegen den Aufrührer herbeigerufen, sprach im April des Jahres 1522 vom Rathausfenster herab und wetterte gegen allen Aufruhr und gegen den Müntzer. Mehr als 14000 Menschen, auf dem Marktplatz versammelt, hörten seine Worte. Müntzer ging in das Lager der aufständischen Bauern und wurde ihr Führer. An der Spitze des Bauernheeres unterlag er am 15. Mai 1525 bei Frankenhausen der fürstlichen Übermacht. Er wurde gefangen, gefoltert und hingerichtet.
Die Stadt durchlebte bittere Zeiten von 1618 bis 1648, während des Dreißigjährigen Krieges. Neun Belagerungen mußte die Bevölkerung über sich ergehen lassen. Handel und Gewerbe lagen am Boden. Und da auch die Bergwerke im Gebirge nur geringe Ausbeute brachten, konnte sich das Wirtschaftsleben schwerlich erholen.
Am 8. Juni 1810 erblickte Robert Schumann in Zwickau das Licht der Welt. Von Jugend auf war er der Musik zugetan. Bei Friedrich Wieck, seinem späteren Schwiegervater, erhielt er Klavierunterricht. Kurz nach Beendigung eines Hochschulstudiums der Rechtswissenschaften in Leipzig, gab er sich ganz der Musik hin. Durch die Beschädigung des vierten Fingers der rechten Hand mußte er das Klavierspiel aufgeben. So begann er zu komponieren.
1834 gründete er mit Wieck und zwei anderen Freunden die „Neue Zeitschrift für Musik". Schumann leitete sie ein Jahrzehnt. In ihr kamen im wesentlichen die Meinungen und Erkenntnisse der Davidsbündler an die Öffentlichkeit.

Geburtshaus von Robert Schuhmann in Zwickau
(Nach einer zeitgenössischen Darstellung)

Das war ein Kreis junger Leute, die sich im Kaffeehaus „Zum Kaffeebaum“ trafen, um über Probleme einer neuen Musik zu diskutieren. Sie wandten sich vor allem gegen die Überschätzung der italienischen Oper und die Verflachung der deutschen Klaviermusik.
Schumann siedelte nach seiner Verheiratung mit Clara Wieck nach Dresden über und 1850 nach Düsseldorf, wo er Städtischer Musikdirektor war. Geisteskrank verbrachte Robert Schumann die letzte Zeit seines Lebens in der Irrenanstalt zu Endenich. Hier starb er am 29. Juli 1856 und wurde in Bonn begraben.
Schumann gehört zu den großen Musikerpersönlichkeiten des 19. Jahrhunderts. Als Musikschriftsteller trat er für die Fortführung der Klassik ein und setzte als Kritiker neue Maßstäbe. Seine Kompositionen, Klavier- und Kammerkonzerte, Lieder, Konzerte und vier Sinfonien, gelten in der Fachwelt als kraft- und poesievoll.
Seine Frau, Clara geborene Wieck, war eine bekannte Pianistin. Sie hält man für die vorzüglichste Interpretin der Klaviermusik Robert Schumanns.
Für Zwickau begann um 1840 eine stürmische Entwicklung. Der Steinkohlenbergbau im Zwickauer Revier kam in Gang. Nach der Gründung des

Zwickauer Steinkohlenbauvereins kam 1841 der Aktienverein der Zwickauer Bürgergewerkschaft hinzu. Und am 6. September 1845 dampften die ersten Züge der Eisenbahn zwischen Zwickau und Werdau hin und her. Das begünstigte die Entwicklung von Maschinen-, Seil- und Glasfabriken, Ziegeleien und Spinnereien in der Stadt und ihrer Umgebung.
Wesentliche Sehenswürdigkeiten von Zwickau liegen innerhalb des Rings. Alles überragend steht der Turm der Sankt Marienkirche. Dieser Barockturm ist 84 Meter hoch. Er kennzeichnet nahezu den Mittelpunkt des Ringes. Die heutige Gestalt als spätgotische Hallenkirche erhielt der Bau zwischen 1452 und 1556. Ihrem Typ nach erinnert sie an die des Erzgebirges, die vor allem in der Blütezeit des Silbererzbergbaus entstanden. Für die Marienkirche fertigte 1479 Michael Wohlgemuth den Flügelaltar, 1502 der Bildschnitzer Peter Breuer die Piesta, 1507 Michael Heuffner den Schrein des Heiligen Grabes und 1538 Paul Speck den kelchförmigen Taufstein. Sie alle sind Künstlerpersönlichkeiten von Bedeutung aus dem mitteldeutschen Raum.
Die aus den Anfängen der Stadt herrührende Katharinenkirche erhielt 1424 ein Seitenschiff und wurde dadurch eine Hallenkirche. Ihr wertvoller Flügelaltar stammt aus der Werkstatt von Lucas Cranach d. Ä.
Spötter sagen vom Zwickauer Hauptmarkt: „Die Größe find ich wohl, doch an der Schönheit tut mir's mangeln!" In unseren Landen gibt es reizvollere Marktplätze. Und fände man an ihm nicht das Rat- und das Gewandhaus, wäre es ein Platz wie tausend andere.
Behäbig, kantig, an einen Bahnhof erinnernd, selbst die Uhr im Mittelfeld fehlt nicht, steht das Rathaus im Häusergeviert. Umgebaut nach dem Stadtbrand von 1403 und 1861 in die jetzige Gestalt gebracht, bildet es mit dem Gewandhaus und Geschäftshäusern die Südflanke des Hauptmarktes. In der Eingangshalle haben die Stadtväter eine Thomas-Müntzer-Gedenkwand gestalten lassen. Und wer ein paar Treppenstufen im Rathaus nicht scheut, kann die ehemalige Ratskapelle aus dem Jahre 1476 besichtigen.
Hoch aufstrebend steht das Gewandhaus daneben, ein Zeugnis von Zwikkaus wirtschaftlichem Aufschwung nach 1470. Das alte Kaufhaus der Zwikkauer Tuchmacher entstand um 1525. Auf den spätgotischen Unterbau ist ein Frührenaissance-Giebel aufgesetzt. Die Fassade ist mit Krummlinien geschmückt, die durch die „Brille", vom Volksmund so genannt, abgeschlossen werden. Aus dem Satteldach strebt der Turm empor. Seine Uhr ist weithin sichtbar. Der helmartige Abschluß streckt das Gebäude hoch hinauf und läßt die Häuser ringsum, selbst das Rathaus, klein erscheinen. Das stimmt natürlich nur bedingt. Denn gar nicht weit davon stehen Neubauten mit fünf, sechs und elf Geschossen. Sie sind ihrer Größe wegen nicht zu übersehen.
Seit 1823 werden im Gewandhaus Theaterstücke und Konzerte aufgeführt. 1847 gab es hier das erste Schumann-Festkonzert. Am Dirigentenpult stand

Zwickaus Markt – gesehen von der Kirche St. Marien

Robert Schumann selbst. Clara Wieck saß am Flügel. Der eigentliche Theatersaal entstand dann 1855. Von 1973 bis 1975 wurde das Haus rekonstruiert. Dadurch hat Zwickau ein verhältnismäßig modernes Theater.
Das Geburtshaus von Robert Schumann, an der Ecke zur Marienstraße, ist seit 1956 mit Museum, Archiv und Bibliothek ein Zentrum der Robert-Schumann-Forschung. Der im Erdgeschoß liegende kleine Saal dient vorwiegend Kammerkonzerten. Im Gedenkzimmer kam Robert Schumann zur Welt. Hier steht auch das von Clara Wieck benutzte Hammerklavier und das Physharmonium, das sie auf den Reisen zum Üben verwendete.
Zwickaus Steinkohle lag in 11 Hauptflözen übereinander. Das stärkste war 10 Meter mächtig. Die Kohle ist abgebaut, die Vorräte sind verbraucht.
Seit 1904 gibt es in der Stadt Erfahrungen im Automobilbau. Aus den Werken „Horch“ und „Audi“ entstand 1958 der Großbetrieb „Sachsenring“. Wer kennt das Hauptprodukt dieses Betriebes nicht? Es ist der Kleinkraftwagen „Trabant“. Er wurde zu einer Art Symbolfigur der großen Wende von 1989!
Zwickau ist einen Besuch wert, auch einen zweiten und dritten. Am Ende finden wir uns mit Robert Schumann überein, der aus Mailand und Bern an seine Mutter schrieb: „Dann dacht' ich mir Zwickau so hübsch, wenn es am Abend von der Sonne getragen einstirbt und die Menschen auf den Bänken vor ihren Häusern sitzen und die Kinder spielen oder im fließenden Bergwasser herumwaten, wie ich sonst – – –. Sag allen, daß trotz aller Alpen mein liebes Zwickau, teures Zwickau bleibt.“

Schneeberg steckt voller Tradition

„Schneeberg, dein Bergfürst ist erschienen ...", so erklingt es jedes Jahr zur Weihnachtszeit in einem Schneeberger Bergmannslied. Wer vom erzgebirgischen Bergbau spricht, muß in gleichem Atemzug auch Schneeberg nennen. Die Stadt war nach Freiberg über Jahrhunderte hinweg das wichtigste erzgebirgische Bergbauzentrum.
Die ersten Schneeberger Bergwerke wurden um 1453 aufgetan. Sieben Jahre später, so wird in den Chroniken geschrieben, gab es bereits einen lebhaften Bergbau. Lohnende Ausbeute brachte auch Geldgeber herzu. Einer von ihnen war der Zwickauer Bürger Martin Römer. Er legte sein Geld glückhaft auf der „Alten Fundgrube" an. Durch sie soll er zwischen 1475 und 1485 an die 200000 Gulden verdient haben. Mit Hilfe anderer Geldgeber kamen in kurzer Zeit über 150 Fundgruben in Betrieb. Das waren zwar kleine Betriebe. Immerhin beschäftigten sie um die 1200 Knappen.
Und da keiner der Bergleute lange An- und Abmarschwege zur Grube und nach Hause mochte, entstanden ihre Häuser ganz in der Nähe, unregelmäßig um einen kreisförmigen Kern, an Wegen, die das Gelände zuließ. Das war bei weitem nicht so, wie bei den späteren Bergstädten, die genau nach einem Plan schachbrettartig entstanden. Diese Plan- und Regellosigkeit ist noch an Schneebergs ältestem Stadtteil erkennbar, vom Volksmund „Gehäng" genannt. Am Hang hinter der Kirche, an engen Gassen und Wegen, gibt es noch die eingeschossigen Bergmannshäuser, klein und niedrig, die meisten freilich modernisiert. Schneebergs Knappen sagten 1661 von ihren Häusern: „Ein bloßes Hüttel, worin wir uns mit Weib und Kindern aufhalten und nach verrichteter Bergarbeit abtrucken können."
Auf dem aus Bruchsteinen gemauerten und verputzten Erdgeschoß ruht ein vorstehendes steiles Satteldach, mit Naturschiefer, Dachpappe oder Weißblech gedeckt. Der Kälte und des Unwetters wegen, sind die Giebel mit Brettern oder Schiefern beschlagen. Durch die Vordertür kommt man zur Straße, die Hintertür führt zum Holzplatz und Hausgarten. Auch in der Neustädtler Talfurche sind solche Häuser zu finden und an der von 1490 bis 1500 axialen Straßenmarktsiedlung gegen den Keilberg zu. Schneeberg erhielt zwar 1472 eine Umzäunung. Zu einer Stadtmauer ist es nicht gekommen.
Das „Große Bergkgeschrey" wurde 1477 ausgelöst, als man beim Zusammentreffen von zwölf edlen Gangtrümmern im Fürstenstollen der „St.-Georg-Fundgrube" einen 400 Zentner schweren, zwei Meter langen, zwei Meter breiten und einen Meter hohen Block aus Glaserz und gediegenem Silber fand, Herzog Albrecht von Sachsen reiste herzu und ließ sich an diesem Tisch aus Silbererz bewirten. Später wurden daraus 800000 Gewichtsmark Feinsilber geprägt.
Das gab den Schneeberger Bergwerken einen raschen Auftrieb. Zwei Jahre

Die Schneeberger Fahnengruppe im Festhabit der Bergleute

später, im Jahre 1479, zählte man 269 Berggebäude. Bald danach hatte die Ansiedlung einen Freibrief und ab 1500 sogar eine Münze, in der die „Schnieber" geprägt wurden.
Als die irregulären Silberfunde nach etwa 30 Jahren erschöpft waren, richtete sich die bergmännische Ausbringung auf Nickel-, Wismut-, Arsen- und Eisenerz. Als besonders abbauwürdig galt das selten vorkommende Wismuterz. Wie rasch die hohe Zeit des Bergbaus vorüber war, läßt sich an folgendem ermessen: Von den 1640 vorhandenen 600 Schneeberger Häusern waren nur noch 100 bewohnt, die anderen verfielen.
Ungeachtet dessen wurde über die Zeiten hinweg in Schneeberg Bergbau betrieben. Zu einem letzten großen Aufschwung kam es nochmals nach 1945 durch den Abbau von Uranpechblende einer Sowjetisch-Deutschen Aktiengesellschaft. Das Aufleben dauerte nur wenige Jahrzehnte. Heute gehört es der Geschichte an.
Als 1496 und 1498 den Bergleuten ein Groschen ihres Wochenlohnes gekürzt werden sollte, standen sie auf und sicherten sich ihre Rechte. Diese

Herzog Albrecht von Sachsen speist 1477 an einer Silberstufe in der St. Georg-Fundgrube Schneeberg (Lithogr. 1840)

Lohnkämpfe gehören zu den frühesten der deutschen Geschichte. Daran erinnert der bis heute begangene „Streittag“ am 22. Juli, es ist der Tag „Maria Magdalena“. 1525 stürmten die Bergleute gemeinsam mit den Bauern das Rathaus, um sich wirtschaftlicher Lasten zu entledigen. Als wenige Jahre später, 1539, die Bergleute den Landesfürsten drängten, ihnen die drei Feiertage zu gewähren: Fastnacht, Maria-Magdalenen-Tag und Kirchweih, mußte er ihnen nachgeben. Und als 1711 der Bergarbeiter Lohn wieder in Gefahr war, schlugen die Häuer Alarm auf den Gruben und riefen zum Streik auf.
Schneebergs wohlhabende Bürger siedelten sich in der Oberstadt an. Das waren Fundgrübner, hohe Bergbeamte, Stadtleute und Spitzenhändler. Als jedoch 1719 die Stadt abbrannte, wurden auch ihre Anwesen nicht verschont.
Beim Wiederaufbau entstanden schöne Bürgerhäuser in stilistischer Einheitlichkeit: Barock, Hochbarock und Rokoko, die schönsten nach Entwürfen des Dresdner Architekten Johann Christoph Neumann. Ein solches Haus steht am Marktplatz, mit harmonisch gegliederter Fassade, reichem Ornamentschmuck und hohem Mansardendach. Davor befindet sich der Bergmannsbrunnen, das Werk eines Dresdner Künstlers aus dem Jahre 1935. Ein anderes schönes Barockhaus, das „Fürstenhaus“, durch den letzten Krieg in Mitleidenschaft gezogen, ist seit 1954 in alter Pracht wieder hergestellt. Das Haus hat Pilastergliederung mit Stuckornamenten im Mittelteil. Im Untergeschoß ist die Schneeberger Sparkasse eingerichtet.
Zu den schönen Schneeberger Bürgerhäusern gehört auch das an der Oberen Zobelgasse stehende „Bortenreuterhaus“, in dem das „Museum für bergmännische Volkskunst“ untergebracht ist. Nach Plänen von Neumann ist es 1725 entstanden. Die zweigeschossige Hauptfassade hat einen dreiachsigen Mittelteil mit einem reichgeschmückten Portal. Seinem Bauherrn habe der Schneeberger Rat des großspurigen Baustils wegen Vorhaltungen gemacht. Der aber soll sie durch den Ornamentschmuck über dem Portal beantwortet haben. Dort ließ er einen Kopf anbringen mit herausgestreckter Zunge.
Den großen Schneeberger Marktplatz teilt das inmitten stehende Rathaus in zwei Teile. Die am oberen Rand und am Kirchplatz befindlichen Häuser sind mit bescheideneren Barockfassaden versehen. Unter ihnen ist das umfängliche Anwesen der Familie Schnorr von Carolsfeld. Nahe dabei ist der Frauenmarkt, Schneebergs ältester Marktplatz. Auf der Kuppe wird der Übergang von Bürger- und Bergmannshäusern deutlich.
Das heutige Rathaus, 1849 in neugotischem Stil errichtet, trat an die Stelle des 1719 erbauten und durch Feuer vernichteten. Vergleiche mit berühmten Rathäusern des Landes hält der nüchterne Zweckbau nicht stand. Bei einer Renovierung im Jahre 1911 bekam es an der Stirnseite ein Sandsteinrelief. In seinem Mittelteil ist die sogenannte „Romnersage“ dargestellt, eine Szene,

wonach Schneebergs Bergbau begonnen habe. Ein Bergmann zeigt einem Händler, Romner geheißen, ein Stück vermeintliches Eisenerz, das dieser mitnahm und anderenorts prüfen ließ, wobei sich herausstellte, daß es nicht Eisen- sondern Silbererz war. Das Bild wird flankiert von zwei Putten, die Klöppelspitzen in den Händen tragen.

Schneebergs Hauptkirche Sankt Wolfgang ragt über die Stadt und ist weithin sichtbar. Sie ist die größte Hallenkirche Sachsens. Der einheitliche Saalbau hat eine vieleckige Ostwand und eine ringsum laufende Empore. 72 Meter hoch ist der Turm. Erbaut wurde die Kirche von 1516 bis 1540. Am 19. April 1945, als der Krieg längst entschieden war, wurde sie von britisch-amerikanischen Tieffliegern in Brand geschossen, daß nur noch die Grundmauern übrigblieben. Lediglich die wertvollen Bilder aus der Schule von Lucas Cranach konnten gerettet werden. Nach Jahrzehnten gehen die Bauarbeiten ihrer Vollendung entgegen. Bald wird die Kirche wieder in ihrer ursprünglichen Gestalt entstanden sein. Seit 1673, Jahr für Jahr in der Nacht vom 24. zum 25. Dezember, steigen Männer auf den Turm, um alte Weihnachts- und Bergmannsweisen in die Nacht zu singen, so auch das Lied „Schneeberg, dein Bergfürst ist erschienen ...“

Schneebergs Hospitalkirche Sankt Trinitatis wurde von 1567 bis 1575 erbaut. In ihr gibt es Bilder der verschiedenen Maler der Familie Krodel.

Ist im Gebiet um den Schwartenberg, um Seiffen, Neuhausen, das Drechseln daheim, wird im Gebirge zwischen der Flöha und Mulde geschnitzt. Das Drechseln wurde für die auslaufende Bergarbeit zum neuen Broterwerb, das Schnitzen blieb Feierabendbeschäftigung. Schneeberg gilt als Zentrum dieser alten bergmännischen Volkskunst. Als der Bergbau zurückging, versuchten die Frauen durch Klöppeln von Spitzen mit zum Lebensunterhalt beizutragen. Die Klöpplerinnen arbeiteten für „Bortenverleger“. Diese gaben die Muster aus, das Klöppelgarn, um dann die in Heimarbeit gefertigten Spitzen aufzukaufen.

Einen Einblick in die Vielgestaltigkeit volkskünstlerischen Schaffens gewährt das „Museum für bergmännische Volkskunst“, Schneebergs Besuchermagnet, und das vor allem in der Weihnachtszeit. Das Museum ging aus einem 1929 gegründeten Heimatmuseum im Jahre 1957 hervor. Neben Schnitzwerken werden Bastelarbeiten und Zinngeschirr gezeigt. Die Sehenswürdigkeiten dieses Museums sind die verschiedenen starren und mechanischen Heimatberge, Miniaturlandschaften, unter ihnen Erich Partheis „Erzgebirgische Dorfkirmes“.

Ein Haus in der Kirchgasse trägt die Tafel mit der Aufschrift „In diesem Haus war Robert Schumann von 1826 bis 1847 wiederholt Gast beim Bruder Carl Schumann“. An einem Haus am Zobelplatz ist zu lesen: „In diesem Haus spielte Robert Schumann am 22. oder 23. August 1839 seiner Braut Clara Wieck zum ersten Mal seine ‚Kinderszenen‘ vor“. Goethe weilte in der Stadt,

Die Schneeberger Turmbläser spielen traditionelle Weihnachts- und Bergmannsweisen

Die weithin sichtbare Kirche St. Wolfgang ist die größte Hallenkirche Sachsens

um bergbauliche Studien zu betreiben. Die Tafel an einem Haus am Marktplatz erinnert daran: „Hier wohnte im früheren Gasthof ‚Zum Ring' Wolfgang von Goethe vom 14. bis 17. August 1786."
Neustädtel, heute ein Stadtteil von Schneeberg, entstand noch früher. Es lag in der Herrschaft Wiesenburg, die den Vögten von Weida gehörte. Erste Zechen könnten hier bereits 1378 bestanden haben. 1463 wird in einem Lehnbrief für den Herrn von der Planitz eine bergmännische Siedlung besonders hervorgehoben. Wenige Jahre später, 1495, werden mehr als 100 selbständige Gruben im „Hohen Gebirg", einem Hang außerhalb von Neustädtel, bezeugt.
Auf halbem Wege zum Filzteich steht das stattliche Huthaus der Fundgrube „Gesellschaft", ein langgestreckter, zweigeschossiger, künstlerisch gestalteter Fachwerkbau mit einem wenig abgewalmten Satteldach. Getrennte Hauseingänge lassen frühere Standesunterschiede erkennen. Es gibt einen für den Obersteiger und einen für den Hutmann. Die Grube hatte hohe Silberanbrüche zwischen 1616 und 1648, danach förderte man Kobalterz.
Der auf der Höhe liegende Filzteich ist die älteste Talsperre des Erzgebirges. Er ist ein Zeugnis des hohen Standes der technischen Entwicklung des alten erzgebirgischen Silbererzbergbaus. Nach Plänen des Berghauptmanns Starschädel errichteten von 1483 bis 1485 Schneeberger Bergleute einen 240 Meter langen und 5,60 Meter hohen Damm, um auf einer Fläche von 23 Hektar, bis 4,60 Meter tief, Wasser zu stauen. Über entsprechende Abläufe benutzte man es zum Antrieb von Poch- und Schlämmwerken und der Kunstzeuge in den Gruben, das waren Wasserhebeeinrichtungen. Goethe, der am Filzteich war, äußerte sich lobend über diese Anlage. Heute dient der Filzteich als Strandbad und hat den ganzen Sommer über seinen Zustrom.
Nur wer seine Zeit gut einteilt wird Schneeberg an einem Tag durchstreifen können, denn die Stadt steckt voller Tradition und hat ihre Raritäten. Viele kann man nicht schlechthin im Vorbeigehen erfassen. Dafür sind sie zu wenig auffällig. Wer sich aber Zeit nimmt, wird durch den eigenartigen Reiz der Bergstadt voll entschädigt.

Was sprechen die Leute für ein Deutsch?

Der Pastor will einem Hammerschmied das Sterben erleichtern und schildert ihm die Seligkeit in den buntesten Farben. Da schnäuzt sich der Hammerschmied und sagt darauf: „Inu, Harr Paster, is söll itze aah nimmer esu schie drubn sei!“

Die Erzgebirger sind zweisprachig. Sie haben eine Sonntags- und eine Wochentagssprache, Hochdeutsch und Mundart. Die eine ist das „Sie“ unter den Verständigungsmitteln, die andere das „Du“. Kommt ein Fremder auf sie zu, sprechen sie Hochsprache, fühlen sie sich unter ihresgleichen, Mundart.

Thomas Mann hat in seinen „Festansprachen“ einmal gesagt: „Dialekt als Heimatland, Musik der Heimat, und wer sie hörbar macht, der beschwört auch den Geist einer Landschaft, mit der sie so innig verbunden, deren Erscheinungsform sie ist.“

Durch die Mundart wird eine Landschaft lebendig! Man muß die Leute in ihrer Mundart reden hören, um ganz im Erzgebirge zu sein: über den Gartenzaun hinweg, auf der Hausbank, im Bäckerladen. Man muß sich eine solche kleine Geschichte erzählen lassen, wie wir sie an den Anfang stellten. Dadurch erschließt sich die Landschaft auch aus ihrem Inneren heraus.

Die Erzgebirger sagen „hah“ und meinen „ja“. Sie sagen „aah“ und meinen „auch“ und „Gack“ statt „Jacke“. Wenn sie „Hus“ sagen, meinen sie „Hose“, und sagen sie „Hos“, dann sprechen sie von einem Hasen. Wollen sie etwas bestätigen, sagen sie „aabn“ und etwas bekräftigen „fei“. Könnte man „aabn“ schon mit „eben“ verhochdeutschen, „fei“ mit „fein“ aber nicht. „Dos war fei wieder nobel vun dir!“ bedankt sich jemand für einen erwiesenen Gefallen. „Fein nobel“, das ergäbe keinen Sinn. Die Erzgebirger „machen laut“, wenn sie gar nicht laut machen, sondern schnell gehen, „dischkeriern“, wenn sie sich unterhalten, und „verdeffentiern sich“, sobald sie sich im Gespräch verteidigen.

Wer sich da müht, Mundartliches ins Hochdeutsche „übersetzen“ zu wollen, käme bald in arge Bedrängnis. Selbst aus der Hochsprache in die Mundart übernommene Begriffe erhalten einen anderen Inhalt. So können zum Beispiel hochsprachliche Schimpfwörter in der Mundart besondere Zuneigung oder Anteilnahme ausdrücken.

Die Mundart steckt voll von Bildlichem. Sie ist in der Lage, Dinge zu bezeichnen, wozu die Hochsprache nicht fähig ist. „Raziehglos“ sagen die Erzgebirger zu einem Fernglas, weil es einem beim Hindurchschauen so vorkommt, als zöge man damit die Dinge und Landschaften an sich heran. Sind die Leute besonders lustvoll, hatten sie eine „Fatzenlust“. „Hiereckbraatel“ gebrauchen sie für ein Tablett, meinen also ein Brett, mit dem man jemandem etwas entgegenreckt. Einen Schauspieler nennen sie, und das durchaus nicht abwertend, einen „Kaffatenmacher“, einen „Gesichteschneider“. Bei ihnen

heißt der Maulwurf „Mutworf“ und der Schnittlauch „Frieserich“, die Schubkarre „Laafkarrn“ und die Gartengießkanne „Netzkann“. Bereitet eine Hausmutter Klöße aus der Tüte, macht sie „Fauleweiberkließ“, weil sie sich das Schälen, Reiben, Ausdrücken des Teiges erspart. Spielen Erzgebirger im Zahlenlotto oder Toto, dann „lotteln“ sie und das durch einen Bildschirm programmgesteuerte Gerät bezeichnen sie mit „Wackelma“ (Wackelmann). Setzen sie einen Weidezaun unter Strom, dann schalten sie ihren „elektrischen Kühgung“ ein.
Es hört sich gut an, wenn einer in seiner Mundart daherschwadroniert. Und er ist voll in seinem Element, stammt sein Gesprächsstoff aus dem Konkreten. Die Bilder formieren sich und ordnen sich zum Ganzen. Wird er durch den Gesprächsstoff gezwungen, etwas Abstraktes auszudrücken, gerät er in Bedrängnis, verfällt mitten im Satz in die Hochsprache und kehrt dann in die Mundart zurück, wenn es wieder um Konkretes geht.
„Erzgebirgische Mundart“ kann nur als Oberbegriff verstanden werden. Denn wer sich etwas näher auskennt, wird bald ein West- und ein Osterzgebirgisch unterscheiden können, dazwischenliegend ein Mittel- und am Ende

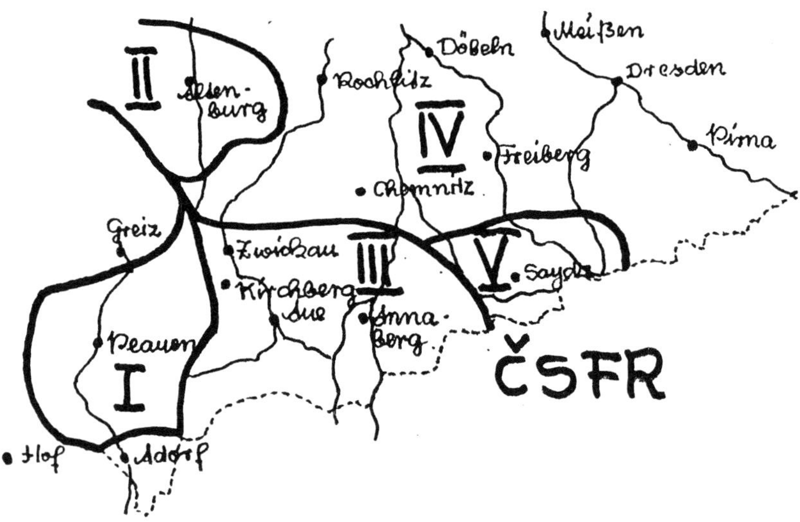

Die Verteilung der Mundarten in Sachsen (nach Becher)
I. Vogtländisch; II. Altenburgisch; III. Westergebirgisch; IV. Meißnisch; V. Osterzgebirgisch

gar noch ein Niedererzgebirgisch. Bewohner der Dörfer haben ihre Besonderheiten, ja selbst Familien. Man sagt, früher hätten die Leute von Lauter drei „R“ in ihrer Sprache gehabt. In anderen Dörfern hat man das „R“ kurzerhand liquidiert. „Olm, gieh emol mit Butte un Eie uf Geye!“ sagen die Hormersdorfer, wenn Alma Butter und Eier in die Stadt Geyer bringen soll.
Mundartlandschaften haben ein Kerngebiet und nach allen Seiten hin fließend Grenzen oder Übergänge. Das Kerngebiet der westerzgebirgischen Mundart liegt zwischen den Städten Annaberg, Schwarzenberg und Schneeberg. Nach Südwesten zu wechselt die erzgebirgische in die vogtländische Mundart über. Hier hat sich bereits im 12. und 13. Jahrhundert eine Siedlungsgrenze herausgebildet. Als Trennlinie zwischen der west- und osterzgebirgischen Sprachlandschaft nimmt man die untere Zschopau an, die Wasserscheide zwischen dem Zschopau- und dem Flöhagebiet, hinreichend bis zur Landesgrenze am Übergangspunkt Reitzenhain. Je weiter man zur Elbe kommt, desto mehr klingt die Mundart aus. Im Raum zwischen dem West- und Osterzgebirgisch sprechen die Leute Mittelerzgebirgisch.
Mundart ist kein verdorbenes, schlecht gesprochenes Hochdeutsch. Im Gegenteil: Die Hochsprache ist eine veredelte Mundart! Denn schon Luther hat zum Nutzen seiner hochsprachlichen Werke dem Volk „aufs Maul“ geschaut. Goethe lobte die Mundart: „Jede Provinz liebt ihren Dialekt; denn er ist eigentlich das Element, in dem die Seele ihren Atem schöpft.“ Jedoch haßte er, was weder Mundart noch Hochsprache ist, Umgangssprache genannt: „Man sollte kaum glauben“, so wetterte er, „daß sie B, P, D, T überhaupt für vier verschiedene Buchstaben halten, denn sie sprechen immer von einem weichen und einem harten B und von einem weichen und einem harten D und scheinen dadurch stillschweigend anzunehmen, daß P und T gar nicht existieren. Aus einem solchen Munde klingt dann Pein wie Bein, Paß wie Baß und Teckel wie Deckel.“
Das Erzgebirge wurde vom Westen her besiedelt. Kurz nacheinander folgten fünf verschiedene Siedlungsepochen. Die bestimmende war die des westerzgebirgischen Silbererzbergbaus wegen betriebene im 15. und 16. Jahrhundert. Durch sie formte sich das eigentliche Gesicht des Westerzgebirges: Dichte Besiedlung vor allem durch Menschen aus dem fränkischen Raum, Nachfolgen von Bergleuten zu neuen Anbrüchen, frühzeitige Industrialisierung, die soziale Unterschiede herausbildete, engere Anbindung an Nachbarlandschaften durch ein verhältnismäßig frühes und dichtes Straßen- und Eisenbahnnetz.
Die gefahrvolle Arbeit unter Tage ist nur in der Gemeinschaft möglich. Das zwingt zu einem zuverlässigen Verständigungsmittel. So entstand im Schmelztiegel der Schneeberger Silbererzgruben aus einer Mischung verschiedener Mundarten eine neue, die erzgebirgische. Dadurch gelangten typisch bergmännische Begriffe in ihren Wortbestand und wurden zum Allge-

meingut, wie „Fahrt“ für Leiter, „hutzen“ für sich in Gemeinschaft zusammenfinden, abgeleitet von „im Huthaus sitzen“. Der bergmännische Gruß „Glückauf“ wird von den Männern bis heute auch dann gebraucht, wenn sie gar nichts mit dem Bergwerk zu schaffen haben, wie anderenorts „Grüß Gott“ oder „Guten Tag“.

Die Mundart hat sich über Generationen hinweg erhalten. Niemals wurde sie offiziell gelehrt, sie wurde von einer Generation auf die nächste fortgereicht. Sie lebt in den Familien, Dorfgemeinschaften und am Arbeitsplatz. Jede Generation brachte ihren Beitrag hinzu, bereicherte sie und erhielt sie dadurch gebrauchsfähig. Denn es gehört zum Wesen der Mundart, daß sie, im Gegensatz zur Hochsprache, ohne Schrift auszukommen vermag. Auf der anderen Seite sterben Wörter, ganze Gruppen in der Mundart dahin, weil die Gegenstände, die sie bezeichnen, außer Gebrauch kamen.

Abwandernde Bergleute nahmen ihre Mundart mit bis zum Oberharz. Dort ist in einigen Orten heute noch ein mit Niederdeutsch durchsetztes Westerzgebirgisch zu hören. Familiennamen wie Annaberger, Buchholz, Griesbach oder Behm sind gebräuchlich.

Erzgebirgisch wird nur von einfachen Leuten gebraucht, nicht aber von jenen, die von sich glauben, eine höhere Position einzunehmen. Sie bedienen sich in allen Lebenslagen der Hochsprache.

Das ist auch der Grund dafür, daß es erst seit Beginn des vorigen Jahrhunderts gedruckte Zeugnisse in erzgebirgischer Mundart gibt und sie literaturfähig wurde. Den einfachen Leuten, den Waldarbeitern, Handwerkern, Häuslern, blieben Bücher ein Leben lang Luxus und damit fremd. Und jenen, die Bücher besaßen, die Mundart. Jakob Grimm sagte dazu: „Im Grunde sträubt sich die schämige Mundart wider das rauschende Papier, wird aber etwas in ihr aufgeschrieben, so kann es durch treuherzige Unschuld gefallen.“

Dichtungen gab es seit jeher auch in erzgebirgischer Mundart. Sie waren für den unmittelbaren Gebrauch bestimmt, hatten einen ganz spezifischen Zweck zu erfüllen. Dieser Zweck machte die Dichtung notwendig: Tschumperlieder (Tanzliedchen), Abzählverse, Kinderreime, Sprichwörter, Krippenspiele oder Spottlieder.

Da sangen die Burschen von Rittersgrün:

> „Drübn in Braatenbrunn
> sei de Leit gar dumm,
> habn se lange Stange,
> wolln se ne Mond wagfange!“

Darauf dann die aus Breitenbrunn:

> „In dr Ritterschgrü
> sei de Maad gar schie,
> habn se gruße Nischeln
> wie de Reisigbüscheln!“

Heute hat das Erzgebirge seine Mundartliteratur und sie wird in allen Bevölkerungskreisen gelesen. Und es ist gewiß: Sie findet einen besonderen Kontakt zu ihnen. Das hängt mit den stilistischen Gesetzen zusammen und ihrer Ausdrucksform. Denn wer in Mundart spricht, denkt auch in ihr, also dinglich-anschaulich.
Die Mundart ist zählebig. Bereits 1878 ängstigte sich der Sprachforscher Goepfert um ihren Erhalt: „Schon hat der Erzgebirger mancher traulichen Gewohnheit entsagt, sich manchen altehrwürdigen Brauches begeben und sich von mancher anmutenden Sitte abgewendet; altväterische ländliche Tracht ist in neuerer Zeit gänzlich geschwunden und so dünkt auch die überkommene Sprache nicht in die neuere Zeit zu passen und wie von jener so scheidet er mehr von dem ‚bequemen Hauskleide' der heimischen Mundart."
Als nach dem Zweiten Weltkrieg oft mehr Fremde in den Erzgebirgsdörfern wohnten als Einheimische: Umsiedler, Ausgebombte, Bergarbeiter, da glaubten viele, das sei die Sterbensstunde eines jahrhundertealten Kulturgutes, der Mundart. Es zeigt sich jedoch in der Folgezeit anders. Erkennt man heute noch Großeltern und Eltern als Zugezogene, auch wenn sie sich der Mundart befleißigen, so sind die Enkelkinder und Kinder längst zu unverkennbaren Mundartsprechern geworden.
Damit erlangt die Mundart keine Lebensversicherung für alle Zeit. Ihr wird arg zugesetzt, von vielen Seiten und Richtungen her. Das sind gar nicht so sehr Rundfunk, Fernsehen, Film und Zeitung. Auch nicht die Schule ist es. Für viele neue Erscheinungen hat die Mundart keinen eigenständigen Begriff. Der wird von den Sprechern bei der Hochsprache ausgeborgt. Und wer zu viel borgt, der macht allmählich Pleite. Oder, eine Mundart, die zunehmend von Hochsprachlichem durchsetzt wird, verliert ihre Charakteristik. Es gibt eben für Fernsehen, Supermarkt, Röntgenstrahlen keine mundartliche Bezeichnung.
Die Mundart ist unablässig in der Umbildung begriffen. Ob und wie lange die Mundart im Erzgebirge ihr Daseinsrecht hat, hängt von ihrer Funktionsfähigkeit ab.
Ungeachtet dessen ist es auch heute noch üblich, sitzt man in gemütlicher Runde beisammen, daß da einer ein Geschichtlein erzählt, zur Erheiterung der anderen, „Schnorke" im Erzgebirge geheißen. Und so soll denn auch unser Exkurs mit einer solchen abschließen:
Wie emol e garschtig Gewitter kam, is dr Kühgung laut unter aaner Ficht gerennt. Oder do fällt ne ei, doß do erscht racht dr Blitz neischlögt. Er war noch gar net richtig nei sei Heischöberle gekrochen. Plautz, dautz! hatt daar Blitz nei daarner Ficht gelaadert doß de Brocken när esu geschwirrt sei. Do kroch daar Gung unter senn Heischöberle vür un schrier nauf ben Himmel: „Ätsch, do hob ich gestackt!"

Aue hat Brücken im Wappen

An der Stelle, an der die beiden Gebirgsbäche Schwarzwasser und Mulde zusammentreffen, befindet sich, eingebettet in einem Talkessel, Aue. Die Stadt ist von Gebirgsstöcken umgeben, vom Brünlasberg, Heidelsberg, Hirschknochen, alle etwas mehr als 500 Meter hoch. Nur der Gemauerte Stein überschreitet die 600-Meter-Marke. Diese Höhen entstanden im Zeitalter des Oberen Karbon. In ihm quoll glutflüssig Granit aus der Tiefe hervor und verhärtete dabei die Nachbargesteine zu kontaktmetamorphen Phylliten und Glimmerschiefern. Ihnen gegenüber blieb der Granit weich und der abtragenden Kraft des Wassers ausgesetzt. Das furchte sich mehr als 150 Meter tief ein und strudelte einen Talkessel aus.
Als man im Jahre 1919 in Aue eine Straße baute, kam eine Steinaxt aus der Jungsteinzeit zum Vorschein, die man 7000 Jahre alt schätzte. Und 1961 fand man bei Erdarbeiten in vier Meter Tiefe eine 5000 Jahre alte Spitzhaue. Das sind Beweisstücke dafür, daß schon frühzeitig Menschen bis in diesen Talkessel vorgedrungen waren. Daraus eine Seßhaftigkeit ableiten zu wollen, dazu reichen zwei Funde nicht aus.
Die günstige Tallage band während der deutschen Ostexpansion bald Menschen, hier zu bleiben und zu siedeln. In einer Urkunde der Zwickauer Marienkirche aus dem Jahre 1118, in der die Grenzen des Gaues Zwickau festgelegt wurden, findet erstmals der Auer Talkessel und eine Ansiedlung Erwähnung. Mit Genehmigung des Staufenkaisers Friedrich Rotbart von 1173 das Klösterlein Zelle zu gründen, sollte das unwegsame Waldland erschlossen werden. Dadurch erhielt der Talkessel Zuzug von Mönchen und in ihrem Gefolge von Bauern. Und sogleich ist man geneigt, nach E. O. Schmidt zu sagen: „Si, Signore, i buonissimi loci tengano sempre i preti!" was verdeutscht etwa heißt: „Gewiß mein Herr, die schönsten Plätze bewohnen immer die Priester!"
Dieses Augustiner-Chorherren-Stift „Klösterlein Zelle", sollte eigentlich die Keimzelle eines großen Klosters werden. Dazu kam es jedoch nicht. Es blieb in der Folgezeit ein Anhängsel des Stiftes St. Moritz in Naumburg. Dadurch konnte es sich nicht gegen das 1230 aufstrebende Zisterzienserkloster im nahen Grünhain behaupten.
Die zum Klösterlein gehörende Kirche aus dem Jahre 1230 trug bis vor wenigen Jahrzehnten an seiner Ostwand Aues berühmtes Vorzeigestück, ein romanisches Putzritzgemälde. Es wäre längst zerstört, hätte es nicht jahrhundertelang eine dicke Tüncheschicht überdeckt. Der Kunsthistoriker Cornelius Gurlitt spürte es 1880 auf und ließ es freilegen. Noch 50 Jahre hatte es seinen angestammten Platz, bis man es 1933 aus der Kirchenwand herauslöste und in Dresden restaurierte. Heute befindet sich das wertvolle Bild in der Sankt-Annen-Kapelle in Freiberg. Eine Kopie davon besitzt die Kirche in

Blick auf die in einem Talkessel eingebettete Stadt Aue

Aue-Zelle. Das Bild zeigt Maria mit dem Kinde zwischen Sankt Nikolaus und einer Herrscherfigur. Unterschrieben ist es mit „Martinus mefecit“ („Martin hat mich gemacht“).

Nahe dem Klösterlein, in der „lichten Aue“, wovon sich in Kurzform der Ortsname herleitet, gründeten 15 Rodebauern ein Waldhufendorf und andere das zum Klösterlein gehörende Zelle. Seine Rodeflächen reichten vom Lößnitzbach bis hinauf zum Hirnschädel.

Bald brachte das Dörflein in der lichten Aue einen berühmten Mann hervor. Hier wurde geboren vor 1470 Melchior Lotter, der Luthers 95 Thesen und die erste Bibelübersetzung druckte.

Im Jahre 1525, angefacht durch die Ereignisse des großen deutschen Bauernkrieges, stürmten die Bauern des Auer Grundes das Klösterlein. Den Propst, so wird berichtet, überfiel das Zipperlein, als die Bauern einfielen und das Bier der Mönche tranken. Zwei Jahre später, 1527, war das Ende der

Klosterzelle herangekommen. Der Besitz ging an den sächsischen Kurfürsten über. Dadurch wurde aus dem Klösterlein ein Rittergut. Der kurfürstliche Münzmeister Bienert, der es dann kaufte, ließ das alte Gut verfallen und baute an die heutige Stelle ein größeres hin. Nachdem es 1819 abgebrannt war, bekam es die heutige Gestalt, das Herrenhaus durch J. F. Lohse.
Das „Große Bergkgeschrey" lockte die Bergleute auch in den Auer Kessel. Sie durchsuchten die Hänge nach verschiedenen Erzen, vor allem nach Eisen und Zinn. Dadurch bekamen die Dörfer Zuzug. Zu den Bauern gesellten sich die Bergleute. Der verstärkte Abbau von Eisenerzen führte 1537 zur Gründung von Auerhammer. Er wurde im 17. Jahrhundert ein führendes Hammerwerk in Sachsen.
Die Furt und der daneben gebaute Holzsteg über das Schwarzwasser und die Mulde mögen für die ersten Jahrhunderte ausgereicht haben, nicht aber mehr, als der Bergbau zu florieren begann und schwere Lasten durch die Bäche bewegt werden mußten. So entstand im 16. Jahrhundert die erste hölzerne Brücke, die später August der Starke durch eine steinerne ersetzen ließ. Nach und nach sollte ein Dutzend Brücken folgen. Denn sie wurden immer wichtiger im Hinüber und Herüber über die Wasserläufe. Deshalb ist es auch nicht verwunderlich, daß Aues Wappenbild aus Brücken besteht.
Als Aue im Jahre 1626 seine Stadtrechte erhielt, haben Marktrechte bereits bestanden. Die sich gut anlassende Stadtentwicklung sollte aber bald gewaltsam unterbrochen werden. Im Jahre 1632 leisteten die Auer Bürger den kaiserlichen Truppen in einer regelrechten Schlacht am Lumpicht, auf einer Anhöhe in Richtung Lauter, erbitterten Widerstand. Daraufhin fielen ein Jahr später General Holk und seine berüchtigten Truppen in das Städtlein ein, plünderten und brannten es, nachdem nichts mehr zu holen war, bis auf die Grundmauern nieder.
Aus den Resten erstand ein neues. Begünstigt wurde die Entwicklung durch Veit Hans Schnorr d. Ä., der in Niederpfannenstiel, wo der Bärengrund beginnt, Sachsens erstes Blaufarbenwerk gründete. Es war nämlich technisch gelungen, aus dem bis dahin für nutzlos gehaltenen Kobalt eine blaue Farbe zu gewinnen, das Kobaltblau. Es behielt auch nach dem Brennprozeß seine Intensität. Bei der Porzellanherstellung sollte es an Bedeutung gewinnen. Hingewiesen sei hier nur auf das berühmte Zwiebelmuster der Meißner Manufaktur.
Im Jahre 1661 wurde man am Heidelsberg fündig auf Zinn. Das brachte Leben und einen gewissen Wohlstand in das Städtchen. Aus Aue wurde eine Bergstadt mit den dazugehörigen Rechten. Die am Fuße des Heidelsberges wachsende Siedlung unterstand der Berg- und nicht der Stadtobrigkeit. Noch heute führt dieser Straßenzug die Bezeichnung „Bergfreiheit". Die erhalten gebliebenen Bergmannshäuser sind umgebaut und modernisiert.

Unter ihnen ist das Hergert'sche Haus, ein Umgebindehaus aus dem Jahre 1663. Aus einem Huthaus hervorgegangen, steht an der Bergfreiheit die frühere „Traditionsstätte des Erzbergbaus“, aus der sich das Museum der Stadt Aue entwickelte. Neben stadtgeschichtlichen Exponaten werden vor allem solche des Bergbaus gezeigt.
Silberfunde machten es erforderlich, 1660 eine Silberschmelzhütte einzurichten, in der neben Silber- auch Zinnerz verarbeitet und eine Zeit lang Rauschgelb hergestellt wurde. Das Huthaus an der Auerhammerstraße ist in seiner ursprünglichen Form noch erhalten.
Veit Hans Schnorr von Carolsfeld hatte auf der Höhe zum Lumpicht weiße Erde entdeckt. Diesen wertvollen Ton, der durch das Verwittern von Feldspat entsteht, ließ er ab 1711 abbauen, mahlen, reinigen und als Perückenpuder vertreiben. Als sich jedoch herausstellte, daß diese weiße Erde, Kaolin geheißen, die Grundlage zur Porzellanherstellung war, erlangte sie über Nacht einen unschätzbaren Wert.
Die „Weißerdenzeche St. Andreas“ war bald ein geradezu geheimnisvolles Unternehmen. Steiger und Häuer hatte man zu strenger Verschwiegenheit verpflichtet. Das „weiße Zeug“ wurde auf der Zeche getrocknet, gemahlen, von unbrauchbaren Beimengungen gereinigt. In Fässern verpackt, verschnürt und versiegelt gingen in Abständen von 12 bis 14 Tagen jeweils 120 Zentner, auf Pferdewagen geladen, den Weg nach Meißen. Veit Hans Schnorr von Carolsfeld hatte sich das Monopol gesichert, allein die Meißner Manufaktur beliefern zu können. Das ging fast 140 Jahre so, bis dann 1854 sich die Vorräte erschöpft hatten. So ist sicher, Meister wie Kändler oder Hörold formten ihre Kunstwerke aus Auer Kaolin, wie alle die schönen frühen Meißner Erzeugnisse überhaupt.
Wesentlichen Anteil am wirtschaftlichen Aufschwung der Stadt gebührt der Erfindung des Argentans durch den Arzt und Chemiker Dr. Ernst Geitner (1780–1852) im Jahre 1823. Argentan ist eine neusilberähnliche Legierung aus 40–70 Prozent Kupfer, 10–20 Prozent Nickel und 5–10 Prozent Zink. Geitner hatte schon 1819 den aufgelassenen Auerhammer gekauft. Hier ließ er nun Bleche auswalzen und damit den Grundstock legen zur Auer Besteck- und Silberwarenproduktion.
Am wirtschaftlichen Aufschwung des Städtchens hatte aber auch der Deutsche Zollverein seinen Anteil. Denn nach seiner Gründung schossen Baumwollfabriken, Bleichereien, Spinnereien und Webereien wie Pilze aus dem Boden. Die Hollberg'sche Bleicherei errichtete mitten in der Stadt einen acht Stockwerke hohen Trockenturm, der lange Zeit wie ein Bergfried aus den Häusern hervorragte und ein Wahrzeichen der Stadt blieb.
1858 erhielt Aue Eisenbahnanschluß. Damit war vollends dem Einzug der Industrie Tür und Tor geöffnet. Um diese Zeit, 1861, schrieb der Baedecker über Aue: „Ein freundliches Städtchen in Berggegend“. Zweifelhaft, ob es

das auch in den nachfolgenden Jahren blieb, wenn sich diese Freundlichkeit von Beschaulichkeit herleitet. Ernst Geßner gründete eine Fabrik für Textilmaschinen, Erdmann Kircheis für Blechbearbeitungsmaschinen. Bei August Wellner und Hutschenreuther begann die Produktion von Besteck- und Hotelsilber. Sprunghaft wuchs die Einwohnerzahl, so zwischen 1900 und 1914 von 17000 auf 25000. Heute hat die Stadt um die 28000 Bewohner.
Als nach dem Zweiten Weltkrieg durch eine Sowjetisch-Deutsche Aktiengesellschaft der Uranerzbergbau einsetzte, war Aue das Zentrum und machte dieserhalb Schlagzeilen. Diese explosionsartige Entwicklung wurde oft mit der Goldgräberei verglichen und die Stadt Aue mit „Neu-Texas" bezeichnet. Man wird diesen Geschichtsabschnitt noch aufzuarbeiten und zu beschreiben haben. Nur wenige Jahrzehnte dauerte die Ausbeute. Die hinterlassenen Spuren werden mit erheblichen Mitteln rekultiviert, die Schachtanlagen verwahrt, die Spuren allmählich verwischt. Der Bevölkerung bleibt ein Alptraum als Erinnerung an die Hochkonjunktur dieser Zeit.

Den Erzgebirgern in den Kochtopf geguckt

Zweieinhalb Jahre seines Lebens verbringt ein Mensch mit Essen und Trinken. Nahezu 900 Tage (ein verhältnismäßig gesegnetes Leben vorausgesetzt) sitzt er essend und trinkend am Eßtisch. Was da an Menge und Vielfalt alles aufgetragen wurde!

Küchenrenner Nummer eins im Gebirge sind die Kartoffeln. Wer sie auch immer von Übersee nach Europa brachte, für die Erzgebirger ist und bleibt es der englische Seefahrer Franz Drake. Noch im vorigen Jahrhundert hing sein Bild, wie das eines Heiligen, in jedem Erzgebirgshaus. Und die Kinder lernten in der Schule das Loblied auf ihn: „Herbei, herbei zu meinem Sang ..."

Der Legende nach gibt es seit 1680 Kartoffeln im Vogtland und Erzgebirge. Ein Zimmerergeselle, Hans Wolf Löw-Kummer aus dem vogtländischen Neuwürschnitz, der in England gearbeitet hatte, soll sie mitgebracht und im Garten seines Vaters angebaut haben. Mit Wanderhändlern seien sie dann ins Erzgebirge gekommen. Nach Schlettau bei Annaberg brachte sie um 1715 der Amtshauptmann von Beulwitz von seinem vogtländischen Gut Erlbach mit.

Als 1719 eine Hungersnot das Gebirge heimsuchte, predigten die Pastoren von der Kanzel herunter den Kartoffelanbau. Sogleich hießen sie „Knollenprediger" und unter den Leuten ging der Spruch um: „Verzage nicht, mein lieber Christ, weil noch ein Kloß im Toppe ist!"

Seit die Kartoffeln im Gebirge sind, haben sie unter den Feldfrüchten das Primat. Sie sind aus den Kochtöpfen und Backtrögen nicht mehr fortzudenken. Kartoffeln hier, Kartoffeln dort. Generationen vor uns wurden am Kartoffeltopf großgefüttert.

Wer beachtete schon, daß die Mediziner vor den schädlichen Kartoffelsäften warnten und den Leuten empfahlen, sie durch langes Auslaugen in frischem Wasser zu entgiften. „Erdäpfel in der Früh, Erdäpfel zu Mittag in der Brüh, Erdäpfel zu Abend in der Schal – macht den Tag drei Mal!" spotteten die Kinder.

Berlet, der 1904 das Erzgebirge bereiste, wußte dagegen zu halten: „Der Erzgebirger hat den Niederländern voraus, daß er aus Kartoffeln allerhand verschiedene und schmackhafte Gerichte zu bereiten versteht. Er kann alltäglich in der Woche Kartoffeln essen und ißt doch an keinem Tag das gleiche Gericht." Und wenn man einer Zeitung aus dem vorigen Jahrhundert glauben darf, könne eine erzgebirgische Hausmutter 87 verschiedene Kartoffelgerichte bereiten, eines schmackhafter als das andere, ohne sich zu wiederholen: „Toppkließ", „Rauchemad", „Aardäppelklitscher", „Schöleraardäppeln", „Staagerieter", um nur ein paar aus der Fülle zu nennen.

Ein Vorrat an Kartoffeln gehört bei den Erzgebirgern genauso in den Keller wie der an Heizmaterial. Gut und gerne einen Doppelzentner rechnet man je

Kopf, vielleicht auch noch etwas mehr, stecken ein paar Kaninchen im Stall hinterm Haus.
Das Staatsessen der Erzgebirger sind die grünen Klöße, gelegentlich auch „Toppkließ“ genannt. Ein Sonn- oder Feiertag ohne sie wäre nicht denkbar. Allerdings ebenso undenkbar wäre, sie an Wochentagen aufzutischen. Auf keiner Speisekarte der Gasthäuser dürfen sie fehlen. Angeboten werden sie mit Rinder-, Schweine-, Hammelbraten, zu Gans, Kaninchen, Wild, ja selbst zu Karpfen. Bei armen Leuten kamen sie in Milchsud auf den Tisch, einer Soße, zusammengerührt aus Milch, Mehl, Ei und Wasser, der man beim Vorsetzen eine Messerspitze Butter beifügte.
Was Gustav Schröer einmal von den Thüringer Klößen sagte, läßt sich auch auf die erzgebirgischen anwenden: „Man muß aber wissen, daß wer weiß, wie man Thüringer Klöße herstellt, sie deswegen noch nicht fertigbringt. Es ist vielmehr eine Kunst, die auch manche Hausfrau niemals richtig lernt.“ Dabei wird den Thüringern nachgesagt, sie hätten ihre Klöße gar nicht selbst erfunden, sie schlichtweg von den Römern abgeguckt.
Köhler, der später den Erzgebirgsverein gründete, empfiehlt 1867, bei der Herstellung der grünen Klöße wie folgt zu verfahren: „Die rohen Kartoffeln werden zerrieben und in dem sogenannten Kartoffelsacke, welcher in keiner Familie fehlen darf und der aus dünnfadigem Zeug gemacht worden ist, gepreßt, so daß das Wasser abläuft. Der mit dem Wasser durchgedrückte geringe Theil des Stärkemehls wird getrocknet und zu anderer Zeit statt des Weizenmehls ebenfalls zu Klößen, und zwar zu sogenannten ‚Gekochten‘, die aber sehr selten auf den Tisch kommen, verwendet. Die rohe Kartoffelmasse, welche in dem Sacke zurückbleibt, wird mit kochender Milch, sehr oft auch mit Milchhirse überbrüht. Dazu kommt eine geringe Menge zerriebener gekochter Kartoffeln und kleingeschnittene geröstete Semmel dazu; Wohlhabende nehmen wohl auch einige Eier. Die Klöße werden geformt und gekocht. Bleiben einige Mittag übrig, so werden sie zum Abende eingeschnitten und im Röhr gebacken ...“
Hauptarbeit ist die Bereitung des Kloßteigs. „Nicht zu grob und nicht zu fein, soll der rechte Kloßbrei sein!“ Man muß ihm noch die Kartoffelfaser anmerken. Dann sollen die Klöße eine grünliche Farbe haben. Welch Vergewaltigung, sie durch Schwefel dieser Farbe zu berauben, daß sie weiß auf den Teller kommen, als friere sie. „Fauleweiberkließ“ sagen die Erzgebirger zu solchen, die hergestellt wurden mit Kloßmehl aus der Tüte und dem gar etwa noch Grieß beigemengt ist. Kommen derartige in Gaststätten auf den Tisch, hat's der Koch für alle Zeiten bei den einheimischen Gästen verdorben.
Der Dresdener Kochlehrer August Erdmann Lehmann war schon 1838 von den grünen Klößen überzeugt genug, daß er sagen konnte: „Ein großer Vorzug ist ihre Wohlfeilheit, weshalb sie auch niemals in Vergessenheit geraten werden.“ Wie recht er nur hatte!

Es gibt Erzgebirger, die schwören statt auf die grünen auf die gebackenen Klöße. Für sie wäre Weihnachten nicht gewesen, fehlten sie auf der festlichen Tafel. Zubereitet werden sie aus dem gleichen Teig wie die grünen Klöße. Statt der apfelgroßen Bälle formt man daraus etwa handgroße fingerdicke Kuchen, die man in heißem Öl in der Pfanne beiderseitig goldgelb bäckt. Man ißt dazu gepökeltes Schweinsbein mit Sauerkraut und viel Meerrettich in der Soße. Meerrettich baut man im Hausgarten an und hat ihn den ganzen Winter hindurch vorrätig.
Beliebtes Alltagsessen im Erzgebirge sind Pellkartoffeln, hier „Schöleraardäppeln" geheißen, auch „Runde" oder „Ganze Aardäppeln". Dazu ißt man marinierten Hering, Brathering, Butter, Blut- oder Leberwurst, Bratwurst oder mit Gewürzen und Gurke angemachten Quark. Früher schüttete man die dampfenden Kartoffeln mitten auf den Tisch, damit sich jeder nach Belieben bedienen konnte.
Ein geradezu Armer-Leute-Essen ist Rauchemad. Heute mit Nachdruck Kalorienbewußten zu empfehlen. Fünf, sechs große gekochte, geschälte Kartoffeln läßt man erkalten und reibt sie dann. Die Masse vermengt man mit etwas Salz und einem Löffel Mehl. In eine reichlich mit Leinöl ausgestrichene Pfanne drückt man nicht zu fest fingerdick den Teig und läßt ihn bei guter Hitze einseitig goldgelb backen. Umgestürzt kommt das Backwerk auf den Teller, wird mit etwas Butter bestrichen und warm gegessen.
Hierher gehören auch die Rährnkuchn. Früher waren sie das Gebäck für den „kleinen Besuch". Saßen die Klöpplerinnen bei ihrer Arbeit in der Nachbarstube zusammen und wollten sie sich etwas Gutes leisten, animierten sie die Gastgeberin, ein paar Rährnkuchn zu backen. Die rieb dann gekochte, geschälte Kartoffeln vom Vortag. Mit Salz und Mehl vermischt, knetete sie aus der Masse einen trockenen Teig, rollte ihn dünn aus und schnitt runde oder eckige Teile daraus. Diese dünnen, den Oblaten ähnlichen Stücke, kamen auf die Ofenplatte und wurden auf beiden Seiten gebacken. Noch warm gelangten sie auf den Tisch. Beim Essen bestrich man sie mit Marmelade, Sirup, Honig oder Butter.
Zumeist war es das Amt der im Hause lebenden Großmutter, am Sonntagmorgen eine Stunde früher als die anderen aufzustehen, um für sie Ranzendrucker zu backen. Für ein halbes Dutzend dieser Brötchen benötigt man 500 Gramm Mehl, etwas Hefe oder Backpulver, ½ Liter Buttermilch und zum Würzen Salz. Diese Zutaten werden zu einem festen Teig geknetet. Aus ihm formt man Klößchen, groß wie ein kleiner Apfel. Etwas flachgedrückt gibt man sie auf ein ungefettetes Blech. Man läßt sie eine knappe Stunde backen. Sobald während des Backvorgangs die untere Seite gut ist, wendet man die Brötchen. Gut durchgebacken kommen sie warm auf den Tisch. Wie die Bäckerbrötchen schneidet man sie auf und gibt darauf Butter, Honig oder Marmelade.

Große Sorgfalt verwendet die erzgebirgische Hausmutter bei der Zubereitung ihrer Weihnachtsstollen. Heute bäckt man freilich nicht mehr so mager wie früher. Man nimmt wenigstens das doppelte Quantum Fett. Sollte ehemals der Stollen für eine gewisse Zeit das Brot ersetzen, war Sparsamkeit geboten. Als Zutaten verwendet man 2 Kilogramm Mehl, 500 Gramm Butterschmalz, 200 Gramm Zucker, Rosinen, süße und bittere Mandeln, 250 Gramm Zitronat, ½ Liter Milch und 100 Gramm Hefe. In ⅛ Liter Milch setzt man das Hefestückchen an. Während es geht, knetet man alle Zutaten zu einem festen Teig, setzt das Hefestückchen zu und formt schließlich daraus den Weihnachtsstollen. Er soll aussehen wie ein in Windeln gewickeltes Kind. Man läßt das Ganze nochmals gehen und bäckt es eine Stunde lang bei gleichmäßiger Hitze im Ofen aus. Häufig aber bringt man die Zutaten dem Bäcker, der dann den Teig zubereitet und das Backen übernimmt.

Legte man ehemals Wert auf den hauseigenen Stollen, so ist man heute weniger anspruchsvoll und kauft den fertigen Weihnachtsstollen vom Bäcker.

Der Erzgebirger liebster Kuchen ist der Kartoffelkuchen. Und der wird so bereitet: Man läßt 50 Gramm Hefe in drei Eßlöffel lauwarmem Wasser zergehen, rührt 250 Gramm feines Mehl an und läßt das Hefestück an einem warmen Ort aufgehen. Danach mengt man einen Teller voll gekochter, geriebener Kartoffeln, 3 Eier, 125 Gramm Butter, 2 Eßlöffel Zucker und etwas Salz unter. Nun knetet man den Teig tüchtig und rollt ihn auf einem erwärmten Blech fingerdick aus. Man stippt ihn mit der Gabel, gießt zerlassene Butter darüber, streut Zucker und Zimt darauf und besprengt ihn nochmals mit zerlassener Butter. Bei gleichmäßiger Hitze läßt man den Kuchen etwa 30 Minuten lang schön braun werden. Am besten schmeckt er, wenn er ganz frisch ist.

Natürlich wird im Erzgebirge auch Fleischernes gegessen. Hier stehen Rouladen, Sauerbraten, Schweinsbein an vorderster Stelle, Kaninchen vornehmlich dann, wenn man es selbst heranfütterte. Gans ißt man vorzugsweise zu Weihnachten, Karpfen zu Silvester.

Statt Butter gilt vor allem Speckfett als wohlschmeckender Brotbelag, auch Wurstfett hat seine Anhänger. Marmelade, selbst bereitet, ißt man am Morgen, vielleicht auch Honig oder Eier. Für wohlschmeckend wird gehalten der Verzehr von frischen Brötchen zu Kakao.

Über den Tag hinweg, überhaupt zu allen möglichen Zeiten, trinkt man im Erzgebirge Kaffee. Daß er so dünn sei, weil man für 16 Tassen 15 Bohnen verwendet habe, ist Legende. Im Gebirge weiß man recht wohl einen straffen Kaffee zu brauen. Schwarzer Tee ist wenig im Gebrauch. Das Hausgetränk der Männer ist das Bier. Wein gibt es im Erzgebirgshaus bestenfalls zu Feierlichkeiten.

Und Sankt Georg kam ins Schwarzenberger Wappenbild

Eines Grundes wegen gehörte Schwarzenberg nicht nur in dieses, sondern auch in das Buch der Rekorde. In den Mai- und Junitagen des Jahres 1945 machte die Stadt mit ihrem Umland Schlagzeilen. Indessen Deutschland von den Alliierten besetzt war, blieben ein paar Quadratkilometer einige Wochen lang ausgespart, der ehemalige Landkreis Schwarzenberg, bevor am 20. Juni 1945 die Rote Armee einrückte. Stefan Heym nannte in einem Buch das besatzungslose Gebiet „Republik Schwarzenberg“. Wenn dem so war, dann erhebt sich die Frage: Ob diese Republik die kleinste der Erde war, soll nicht entschieden werden, aber die mit der kürzesten Geschichte auf alle Fälle. Und das wäre wert für eine Spalte im Buch der Rekorde.

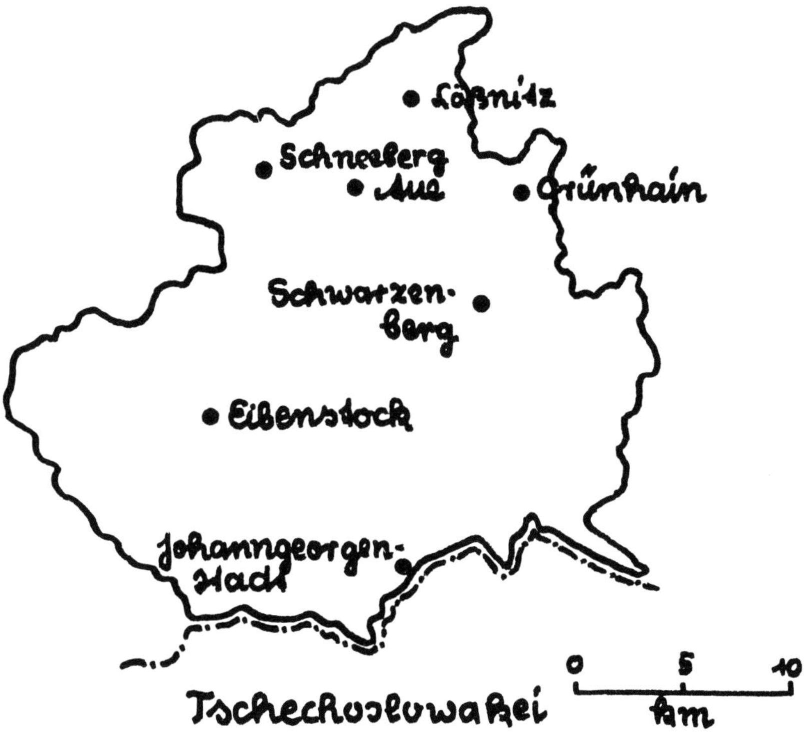

Das zu Kriegsende unbesetzt gebliebene Gebiet um Schwarzenberg

Schwarzenbergs Schutzpatron ist Ritter Georg. Von ihm geht die Sage: Da lebte vor Zeiten droben auf dem Totenstein ein Lindwurm. Riß der den Rachen auf, kam daraus Feuer hervor und versengte alles, was sich zeigte. Da dieser Lindwurm täglich einen Menschen forderte, war die Stadt voll Jammer. Manch ein Bürger trug sich mit dem Gedanken, sein Bündel zu schnüren und dem unwirtlich gewordenen Land zu entfliehen.
Da kam Ritter Georg an der Stadt vorüber. Als er von der Not der Leute hörte, entschloß er sich zu helfen. Er rüstete sein Pferd, ritt hinauf zum Totenstein, dorthin, wo das Tier hauste, und als es aus seiner Höhle hervorfauchte, rammte er ihm den Spieß in den Rachen. Da wurde es, zu Tode getroffen, wild. Es verfolgte den Ritter so sehr, daß ihm keine andere Wahl blieb. Er gab seinem Pferd die Sporen und setzte über den steilen Abhang des Totensteins. Drunten im Bachbett des Schwarzwassers zerschellte er samt seinem Rosse. Die Bürger durften befreit aufatmen, konnten sie doch fortan ohne Angst in ihren Häusern leben. Den tapferen Ritter ehrten sie dadurch, indem sie sein Bild in ihr Wappen setzten.
Man kann es sich vorstellen, daß jene, die vom Unteren Tor aus den Steinweg zum Totenstein emporsteigen, an alles andere denken, nur nicht daran, daß auf dem angestrebten Felsplateau Schwarzenbergs Unhold hauste. Hier oben, 30 Meter über dem Bachbett des Schwarzwassers, inmitten alter Bäume, liegt einem, die Altstadt gegenüber, die Neustadt zu Füßen. Dabei ist es gleich, ob man auf dem Unteren oder Oberen Totenstein steht, dem Höllenfelsen oder auf dem Faulen Pelz.
Pini, ein Venediger, kam im 18. Jahrhundert hierher, um den Halbedelstein, der seinen Namen trägt, Pinit, zu suchen. Ob er davon fand, weiß keiner. Schöne bläulichschimmernde Bergkristalle gab es hier allemal.
Drüben auf dem Buckel liegt das Schloß, die Kirche, die Oberstadt. Das Schwarzwasser muß deswegen einen großen haarnadelförmigen Bogen schlagen, um daran vorbeizukommen. Und noch bevor der Bach seinen gewohnten Weg nach Norden fortsetzen kann, schiebt sich der gegenüberliegende Ottenstein entgegen und drängt ihn an den Totenstein.
Von diesem Ottenstein erzählt die Sage, daß Kaiser Otto eines Kriegszuges gegen Böhmen wegen in diese Gegend gekommen sei. Des Weges müde, befahl er den Truppen eine Rast. Er selber streckte die Beine von sich und ließ den Blick über das herrliche Bergland streifen. Als er den Felsen aus dem gegenüberliegenden Waldland ragen sah, rief er aus: „Auf diesen schwarzen Berg laßt mich ein festes Haus errichten! Schwarzenberg soll es dereinstmals heißen!“ Und er machte wahr, was ihm sein Sinn befahl. Bald kamen die Bauleute herzu und bauten ihm das Nest auf den Felsen. Wo eine Burg ist, da müssen auch Bürger sein! Die kamen und fügten ihre Häuser ganz dicht an die Burg und nannten ihre Siedlung gleich dem festen Haus „Schwarzenberg“.

Wem von Schwarzenbergs Bürgern der Aufstieg zum Totenstein zu beschwerlich ist, lustwandelt im Ottensteiner Park, den es seit 1847 gibt. Der muß immer ein erholsames Fleckchen gewesen sein. Wie wäre sonst 1863 ein Stadtrat Bauer auf die Idee gekommen, am Fuß des Waldstückes ein „Bad Ottenstein" zu gründen. Dem Bad fehlten zwar die Ressourcen, die dampfenden Moore, heilenden Quellen, radiumhaltigen Wässer. So warb das Bad mit dem, was vorhanden war, mit frischer Luft und Wasser in den Wannen, bei der vornehmen Welt. Tatsächlich: Das Bad hatte Zulauf aus dem In- und Ausland. Erst nach der Jahrhundertwende wurden die Badegäste weniger und blieben schließlich aus. Ein paar Gebäude erhielten sich. An einem war noch lange zu lesen „Bad Ottenstein".

Mit der Stadtgründung war es anders, als es die Sage wissen will. Burg, Stadt und Herrschaft Schwarzenberg waren mehr als eine schnelle Eingebung eines rastenden Kaisers. Sie entstanden wohlüberlegt, damals um 1150, als Werber landarme Bauern aus Franken und der Oberpfalz heranführten, ihnen ein Stück Waldland anwiesen, damit sie es roden konnten. Sie zu schützen in ihrer mühsamen Arbeit und die vorüberführende Paßstraße zu sichern, die nach Böhmen führte, war Anlaß, auf dem Felssporn eine Burg zu errichten. Und von jenen Häusern um sie herum hieß es dann 1282: „in die Sancti apostoli in civitate Swartzenbergk". Aus der Siedlung war also eine Stadt geworden.

Unter den Burgherren waren Abkömmlinge der Geschlechter von Elsterberg-Lobdeburg und der Burggrafen von Leisnig. 1425 zogen die Tettaus, Gläubiger der Burggrafen, in das Haus und blieben über Generationen hinweg. Während ihrer Zeit fielen die Hussiten ein, die Stadt brannte nieder und noch einmal und dann gar noch ein drittes Mal. Das war „Am Tage Mariae Geburth ...", am 9. September 1535. Danach gaben die Tettaus auf und verkauften.

Die Mißgeschicke dieser Stadt konnten den Kurfürsten August nicht abschrecken, 1558 den Umbau der Burg zum Jagdschloß vollenden zu lassen. Die Jahreszahl in dem wappengeschmückten Abschlußstein des oberen Burgtores erinnert daran, sobald man dem Schloßhof entgegenstrebt.

Statt der Ritterstiefel trappsten die der Jäger über die beiden Schloßhöfe. Nun knarrten die Wagen auf holpriger Gasse entlang, die Schloß und Stadt verbanden, beladen mit Beute aus obererzgebirgischen Jagdrevieren: Bären, Wölfe, Hirsche mit armstarkem Kopfschmuck. Links und rechts hingen Füchse, Hasen, Luchse, Auer- und Birkwild von den Leitern.

Heute sind Schwarzenbergs Obere und Untere Schloßstraße verkehrsfrei, sind Einkaufsboulevards geworden. Hier steht Haus an Haus bis hin zur Kirche. Hinter ihnen fällt der Felsen steil in die Tiefe. Schon Finanzprokurator Lindner wußte 1848 davon zu berichten: „Die eng zusammengerückten, steinernen und mit Schiefer gedeckten Gebäude haben sich an den Rändern des

Kirche und Schloß Schwarzenberg – Wahrzeichen des westlichen Erzgebirges

Felsens durch Mauern und Strebepfeiler gesichert, damit sie den Vorstädtern nicht in die Arme fallen."
Die Vorstädter waren jene, die außerhalb der Stadtmauern zu leben hatten, drunten am Schwarzwasser, um Mühlen zu betreiben, Hämmer, um Leder zu gerben oder Stoffe zu färben.
Am Hang zwischen denen droben auf der Höhe und den Vorstädtern hat sich eine Blume ausgebreitet, hierzulande „Schwarzenberger Edelweiß" geheißen. Sie wächst aus Felsritzen, hängt über Mauervorsprünge, wuchert an Wegerändern. Richtig heißen diese weißen Blütensterne „Spanische Schneewucherblume", Chrisanthemum parthenifolium. Sie ist keine Einheimische und stammt tatsächlich aus Spanien. Man nimmt an, daß sie um 1850 mit der Korkrinde eingeschleppt wurde.
Indessen der Kurfürst sein Jagdschloß ausbauen ließ, entstand um 1550 eine Zinnschmelzhütte. Aufgetane Bergwerke erbrachten reiche Ausbeute. 1581 war Schwarzenberg der Mittelpunkt eines Bergreviers mit eigenem Bergamt. Und da 1587 eine Kommunzeche in Betrieb kam, durfte sich der Ort „Bergstädt" nennen und die damit verbundenen Vergünstigungen beanspruchen.
Für Schwarzenberg folgten böse Jahre: 1625 fielen 300 Bürger der Pest zum

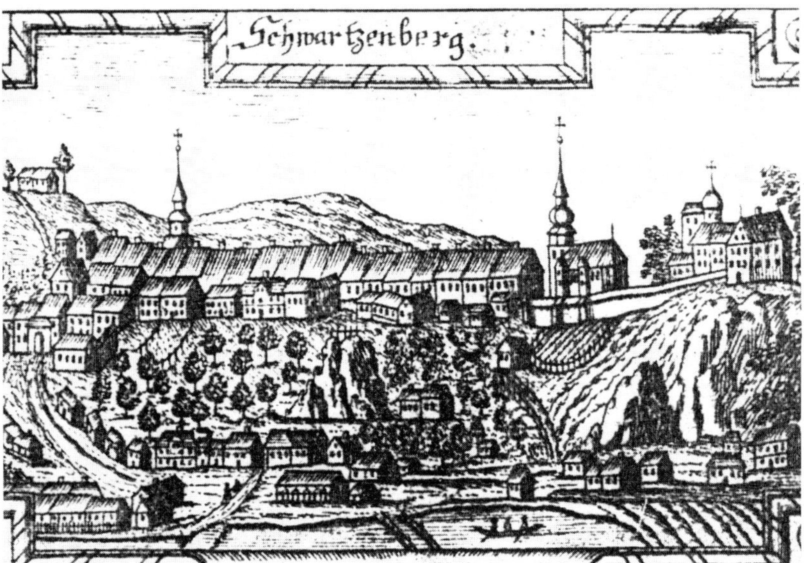

Schwarzenberg um 1730 (Nach zeitgenössischer Darstellung)

Opfer. Dann kam allerlei Kriegsvolk plündernd, raubend, mordend. Noch waren die Schrecken des Dreißigjährigen Krieges in aller Erinnerung, brannten die Reste der zerstörten Stadt ein weiteres Mal.
1685 beschlossen Schwarzenbergs Stadtväter, an Stelle der zerstörten, auch sonst viel zu klein gewordenen Kirche eine neue zu errichten. Die Pläne des Lößnitzer Stadtbaumeisters Georg Roth wußten zu gefallen. 1690 legte man den Grundstein, ganz in der Nähe des Schlosses, und stellte gewissermaßen die kirchliche Macht neben die weltliche. 1699 konnte man dann endlich Kirchweih feiern. Inzwischen sind beide, Schloß und Kirche, zum Wahrzeichen der Stadt geworden. Was wäre Schwarzenberg ohne sie!
Es gibt Leute, die kommen von weit her, um die bekannten Kirchenkonzerte zu besuchen. Reiseunternehmer wissen die Kirche zu schätzen, lenken ihre Busse hierher und lassen das Kleinod besichtigen. Es gibt Kenner, die meinen, selten solche Schönheit unter den evangelischen Kirchen gefunden zu haben. Vor wenigen Jahren restauriert, erstrahlt der Innenraum im alten Glanz des Barocks. Wie Schwalbennester kleben Betstübchen und Ständechöre an der Westwand. In dieser einschiffigen Hallenkirche gibt es keine Strebepfeiler. Überspannt wird das Kirchenschiff von einer Kehlbalkendekke, die mit dem darüberliegenden Dachstuhl verbunden ist und auf den Grundmauern aufliegt, 18 Meter breit, 24 Meter lang.
Bauleute loben die ungewöhnliche Weite dieser Decke und bewundern Mut und Können der damaligen Handwerksleute. Die Zimmererarbeiten leitete ein Samuel Georg. Der lebte nach vollendetem Werk in tausend Ängsten. Ihm machte es vor, die Decke könne bei gefüllter Kirche herniederbrechen und die Kirchengemeinde unter sich begraben. Und so weiß die Sage zu berichten, sei er hinauf in die Glockenstube des Turmes gestiegen und habe sich dort das Leben genommen.
Bemerkenswert in der Kirche ist das kunstschmiedeeiserne Abschlußgitter des Chores, das 1721 der Schwarzenberger Schlossermeister Johann Zacharias Georgi geschaffen hat. Kunstvoll sind ineinander verschlungene Ornamente, Figuren, Blattgerank, im Mittelteil Bergleute, die ein Wappen tragen.
Indessen die Bürger am Sonntag, dem 2. Mai 1824, in der Kirche waren, ging die Stadt in Flammen auf. Die Bilanz dieser Katastrophe war mehr als schlimm: Wenige Stunden hatten gereicht, 273 Familien obdachlos zu machen. Die Leistung ist würdigenswert: Innerhalb von sieben Monaten hatten 200 Familien wieder ein Dach über dem Kopf.
Man trennte sich vom Fachwerkhaus und baute ganz aus Stein. Was an Häusern in den Schloßstraßen, am Markt anzutreffen ist, steht gewiß auf ehrwürdigen Grundmauern. Jedoch tragen die Fassaden klassizistische Züge, eben, wie es zu Beginn des vorigen Jahrhunderts üblich war.
Die Denkmalschützer halten alle Hände darüber und meinen: Man müsse

Auf dem Weihnachtsmarkt in Schwarzenberg – „... do is eich fei wos lus..“

Die Schwarzenberger Ortspyramide – ein meisterhaftes Zeugnis der erzgebirgischen Schnitzkunst

den Zusammenhang mit der Stadtgeschichte, den Zeitbezug sehen, und verweisen auf die Geschlossenheit der Häuserfronten. Ihnen fehlt das schmückende Beiwerk. Es gibt keine Engelsfiguren, Putten, Rosetten über Haustüren zu sehen, keine Ornamente an den Wänden und keine schmiedeeisernen Gitter. Was sie ansehnlich macht, das ist ihre klare Fassadengliederung, das wohlausgewogene Verhältnis der Einzelteile zueinander.

Interessant sind die an der Westseite des Marktplatzes stehenden Gebäude, ursprünglich Ackerhöfe, Durchgangshäuser. Die Hinterhäuser reichen bis zum Brunnengraben. Dort lagen früher die Ställe und Schuppen, die Scheunen dagegen außerhalb der Stadt. Das älteste dieser Häuser, in dem heute die Städtische Bücherei untergebracht ist, vordem Gasthof „Zur Sonne", trägt im Torbogen die Jahreszahl 1677. Ein paar Häuser weiter, dem Oberen Tor entgegen, unterbricht der Erker der ehemaligen Engelapotheke die gegliederte Häuserfront. An ihm ist die mit einem Engel versehene Schrift zu lesen: „Gloria in exelsis deo a. d. 1713".

Jeder Ort hat über das Jahr hinweg seine Lichterpunkte. Gäbe es die nicht, fände man das Leben schal. Schwarzenbergs Glanzpunkt ist der Weihnachtsmarkt. An Größe kann er sich mit dem Nürnberger Christkindelmarkt nicht messen, auch nicht mit Dresdens Strietzelmarkt. Jedoch an Gediegenheit ist er den andern um Nasenlänge voraus.

Könnte man auf dem belebten Marktplatz die Augen schließen, ohne angerempelt zu werden, sähe man vielleicht die kauenartigen Buden mit den schönsten Weihnachtsdingen der Welt, röche man Pfefferkuchen und Bratwürste, hörte man die Musik des altehrwürdigen Bergaufzuges. Die kühnsten Vorstellungen blieben blaß gegen die Realität. So bleibt eigentlich nur, einmal zur Weihnachtszeit nach Schwarzenberg zu fahren, wenn es, wie in einem bekannten Mundartlied, heißt:

„In Schwarzenbarg, is Weihnachtsmark,
do is eich fei wos lus ..."

Klöppeln, Schnitzen, Hutzengehen

Wandern und Reisen blieben reizlos, hätte nicht jede Landschaft ihr Gesicht, ihre Besonderheit und Eigentümlichkeiten, die sich im Verlauf der Geschichte herausbildeten und unverwechselbar wurden. Zu denen des Erzgebirges zählen seine Volkskünste. Oft heißt es in der Fachliteratur, hier fände man die geschlossenste Volkskunstlandschaft Deutschlands. Speziell gemeint ist dabei die Verbreitung von Klöppeln, Schnitzen, Basteln, von Musizieren und Singen. Gerne werden diese Volkskünste in der Gemeinschaft ausgeübt und allen ist eigen: Sie habe ihren Ursprung direkt oder indirekt im alten Erzbergbau.

Wer durch die Dörfer des Erzgebirges kommt, dem wird nicht entgehen, daß er da oder dort, den Schatten eines Apfelbaumes oder einer Hauswand suchend, Frauen antrifft, die beieinandersitzen, um Spitzen zu klöppeln.

Ihnen bei ihrer Arbeit über die Schulter zu sehen, ist reizvoll. Man darf's getrost. Die Klöpplerinnen, sonst nicht mit Lob verwöhnt, haben es gerne, wenn man sie wegen ihrer Fertigkeit bewundert. Wie geschwind das alles geht! Wie die Klöppel zwischen den Fingern, und dann wieder von einer Hand in die andere, hin- und herflitzen! Wie sich die Fäden zu Bändern, Knoten und Schlingen zusammenfinden und am Ende statt eines Chaos, ein Muster, eine Spitze entsteht. Das grenzt geradezu an ein Wunder!

Auch Klöppelspitzen haben ihre Geschichte. Sie sind schon in der Antike bekannt. Reste von kunstvoll gefertigten Spitzen fanden sich in koptischen Gräbern. Nachweislich wird im Erzgebirge seit 400 Jahren geklöppelt. Woher die Technik kam, auf diese spezielle Weise Spitzen zu fertigen, vermag keiner zu sagen. Bodenständig war sie nicht, und erfunden hat sie im Gebirge auch keiner. Am Ende stammte sie aus Genua, Venedig, Flandern. Denn dort war das Spitzenklöppeln schon im frühen Mittelalter bekannt.

Mit Wanderhändlern, „Bortenschotten" genannt, kamen die Klöppelspitzen im 16. Jahrhundert ins Erzgebirge. Denn hier gab es reiche Bergherren, die sich und ihre Frauen gerne kostbar kleideten. Dazu gehörten auch die feinsten Spitzen, kostbarsten Kragen, Hemd- und Brustkrausen, Einsätze und Ärmel.

Nicht jeder durfte an seinen Kleidern Spitzen haben. Man mußte schon wer sein, so wollte es die „Kleiderordnung", bevor man Spitzen tragen durfte. Das war natürlich nicht nur im Bergwesen so. Um diese Zeit, die Renaissance, wurde allgemein von den Reichen ein großer Kleiderluxus betrieben.

Nachdem die große Blütezeit des erzgebirgischen Silbererzbergbaus vorüber war, Mitte des 16. Jahrhunderts, zog die Not in die volkreichen Siedlungen des Gebirges. Wollten die Familien überstehen, mußten sie sich nach anderen Beschäftigungsmöglichkeiten umsehen. Eine davon sollte sich aus dem Spitzenklöppeln ergeben.

Klöpplerin bei der Arbeit
(Nach einer Darstellung aus dem vorigen Jahrhundert)

Barbara Uthmann (1514–1575), eines reichen Bergherren Ehefrau, sagt man nach, daß sie das Klöppeln von Spitzen aufgegriffen und seine Herstellungstechnik den Frauen der Bergleute weitervermittelt habe. Damit half sie die Not in den Bergmannshäusern lindern. Sie kaufte die Spitzen von den Klöpplerinnen auf, um sie dann weiterzuverkaufen. In kurzer Zeit soll sie um die 900 Heimarbeiterinnen beschäftigt haben. Eine andere Verlegerin, die Widmanin, Ehefrau eines Ratsherrn, hatte 500 Klöpplerinnen hinter sich.
Hausierer zogen mit ihren Spitzenschachteln durch das Land und kamen damit bis in die Schweiz, nach Holland, Schweden, Kroatien und Rußland. Dadurch wurden die Spitzen aus dem Erzgebirge weithin bekannt und erlangten bei der vornehmen Welt Ansehen. Jedoch auch die Klöpplerinnen! Ob man sie mit ihren Spitzen identifizierte? Denn Zar Peter I., der einmal Annaberg besuchte, wollte ausdrücklich von den schönen Klöpplerinnen bedient sein. Er war überhaupt von der Klöppelei so beeindruckt, daß er sie von da an in Rußland betreiben ließ.

Das Spitzenklöppeln bleibt über die Jahrhunderte hinweg ein schmaler Broterwerb der Frauen des Erzgebirges. Noch Mitte des vorigen Jahrhunderts brachte die Elle Klöppelspitze 28 Pfennige. Der Tagesverdienst einer Klöpplerin reichte für ein Stück Butter, drei Pfund Mehl und ein Pfund Fleisch. Um die „Zahl" zu bringen und am Wochenende „abschneiden" zu können, die vom Verleger bestellte Zahl zu erledigen, mußten meistens die Kinder mithelfen. Der Spitzenverleger, bei dem eine Klöpplerin in Brot stand, bestimmte den Preis der Spitze, und damit auch den Lohn, das zu klöppelnde Muster und das dazu zu verwendende Material: Garn, Zwirn, Seide. Das wog er der Klöpplerin zu. Die fertige Spitze bezahlte er nach Qualität, Stück oder Länge, wog sie, und ließ sich das nicht verbrauchte Material zurückgeben. Fehlte an Gewicht, zog er der Klöpplerin vom Verdienst ab.
Zum Klöppeln waren noch nie Maschinen oder Geräte erforderlich. Die geschickten und flinken Finger der Klöpplerin sind das wichtigste. Um die Fingerfertigkeit zu erlangen, gab es ab 1817 in den Städten und Gemeinden des Erzgebirges Klöppelschulen. 1860 bestanden bereits 25 davon. Während des Zweiten Weltkrieges gingen sie ein. In ihnen lernten die schulpflichtigen Mädchen alle Voraussetzungen, um später in hoher Qualität Klöppelspitzen fertigen zu können. Von ihnen schrieb schon 1805 Sigismund: „Die gewandten Bewegungen der Hände aber lassen sich ebenso schwer darstellen, wie der flüchtige Tanz der Finger des Klavierspielers ..."
Das wichtigste Utensil einer Klöpplerin ist der Klöppelsack. Das ist ein walzenförmiger, mit Stroh, Seegras oder Sägespänen gefülltes Kissen mit einem bunten Überzug. Aus seinen seitlichen Bindungen schaut ein farbiges Bildchen hervor.
Auf dieses Klöppelkissen ist das auf Karton vorgezeichnete Muster aufgesteckt, der Klöppelbrief. Dort, wo Verbindungen sich kreuzen sollen, müssen später einmal Nadeln gesteckt werden. Mit ihren bunten Porzellanköpfchen bilden sie gewissermaßen das Skelett der Spitze. Die großen Nadeln halten die im Augenblick nicht benötigten Klöppel vom Muster zurück.
Entsprechend dem Umfang einer Spitze werden unterschiedlich viele Klöppelpaare benötigt, bei komplizierten Spitzen sind das 30 und mehr. Auf jedem Klöppel ist ein kleiner Vorrat an Faden aufgewickelt. Durch eine darübergeschobene Hülse, „Klöppeltütchen" genannt, wird er vor dem Verschmutzen geschützt. Diese, von einem darauf spezialisierten Drechsler hergestellte Hülse, besteht aus Pflaumenbaum-, Ahorn- oder Buchenholz. Durch das Aneinanderschlagen entsteht das unrhythmische, für das Klöppeln typische Klappern.
Der Klöppelsack ruht auf einem aus Latten bestehenden Ständer oder auf einem kleinen Böckchen, das auf dem Tisch steht. Im Ständer ist ein Kästchen eingefügt, in ihm liegen Schere, Häkelnadel und weitere Stecknadeln bereit.

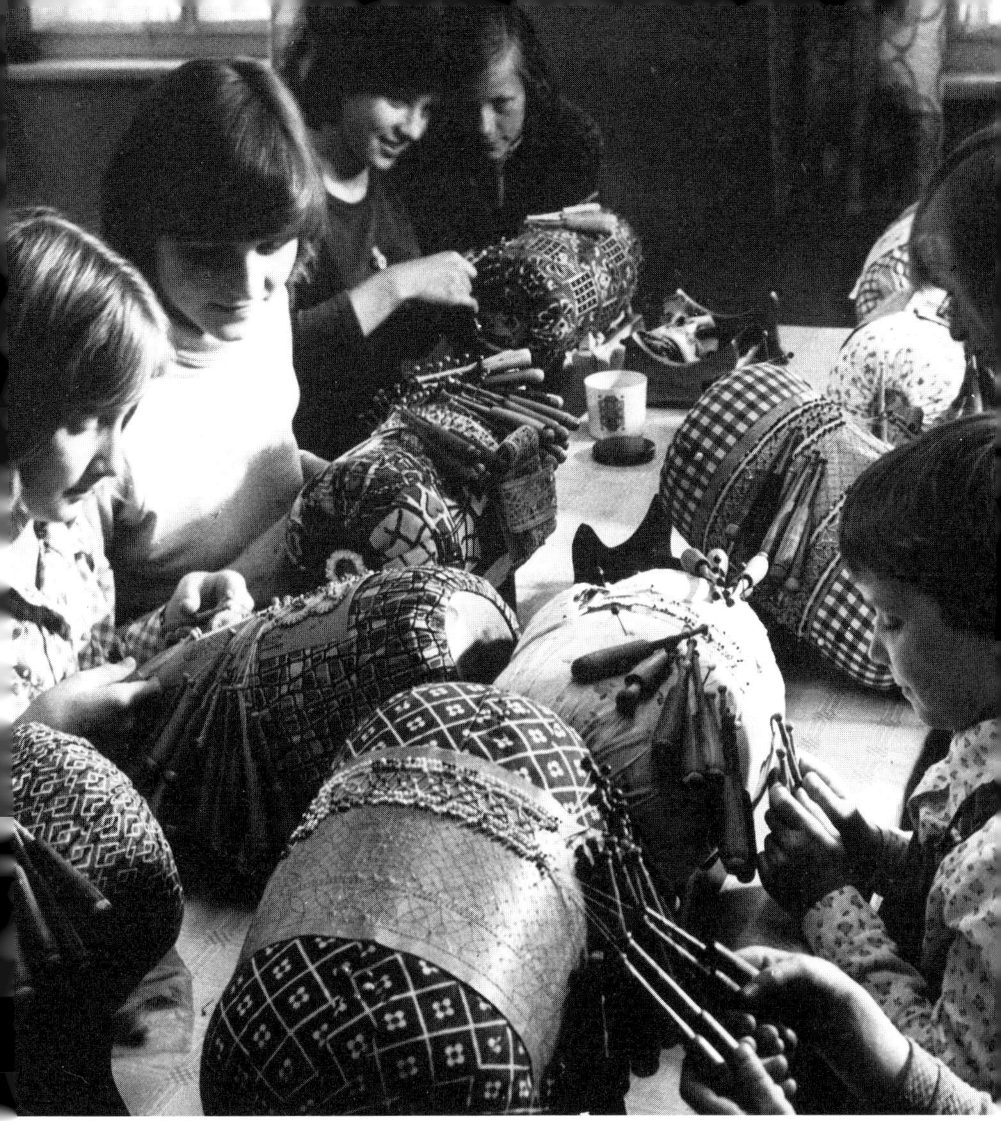

In Klöppelschulen erlangen Mädchen die notwendige Fingerfertigkeit zur Ausübung dieser Heimarbeit

Die Klöpplerin faßt mit den Fingerspitzen, bald der rechten, bald der linken Hand, mehrere Klöppel, wickelt mit geschickter Drehung von ihnen etwas Faden ab und kreuzt ihn mit anderen Fäden durch einen „Schlag" zu einem Knoten. Das ist eigentlich das ganze Geheimnis. Man muß eben nur den richtigen Faden an der richtigen Stelle mit den richtigen Fäden kreuzen!

Die Fachleute drücken sich präziser aus: Die Handklöppelspitze entsteht durch einen systematischen Wechsel von Drehen, Kreuzen von Fäden, die in großer Anzahl gleichzeitig in ununterbrochenem Flusse bleiben und die durch die auf dem Klöppelsack aufgesteckte Musterzeichnung ihre Ordnung erhalten.
Für jede Verbindung, für jeden „Schlag", haben die Klöpplerinnen ihre spezielle Bezeichnung. Die Muster, kleine Sterne, Ecken und Bögen, führen oft wunderliche oder lustige Namen. Danach befragt, ist jede Klöpplerin sogleich bereit, folgenden Reim zu deklamieren:

„Erbsengrund, Batzen, Wickelkind,
Töpfe, worin Blumen sind,
Rohrstuhl, Mücken, Steingeränder,
Wanzen und auch Schlangenbänder,
auch Pantoffeln, Hirschgeweih,
Quärke, Schwanzbirn, Stickerei,
derart nennen, die da schwitzen
an den Klöppeln, ihre Spitzen."
Da soll sich einer auskennen!

Im Erzgebirge wird eigentlich überall geklöppelt, vor allem aber im westlichen und mittleren Teil, in der Gegend um Schneeberg, Schwarzenberg und Annaberg. Vor der Wende 1989/90 gab es im Gebirge etwa 1200 Berufsklöpplerinnen und 10000 Frauen und Mädchen, die gelegentlich klöppelten.
Handklöppelspitzen werden vielseitig verwendet, zu Läufern, Decken, Platzdeckchen, Kleidereinsätzen, Kragen, Manschetten, Stolen oder Ponchos, selbst zu Kanten für Altardecken oder Priesterornate.
Die erzgebirgischen Männer sind Schnitzer und Bastler. Diese Feierabendbeschäftigung hat das gleiche Verbreitungsgebiet wie das Klöppeln. Schon die Kinder greifen zu einem Stück Lindenholz und beginnen, daraus Figuren zu schnitzen. Beliebt sind dabei allerlei Figuren, meist Typen aus dem dörflichen Leben. Besonders gerne wird der Bergmann in seinem Festhabit geschnitzt.
Werden die Abende länger, greifen die Schnitzer zu ihren Werkzeugen, zu Messern und Eisen, zu Balleisen, Hohleisen, Flacheisen, Grateisen und Geißfuß, um nur einige zu nennen. Und es dauert seine Zeit, bevor sie alle die notwendige Arbeitsschärfe haben. Auf dem Spitzboden lagert Lindenholz. Nun wird es mit der Kreis- und dann mit der Bandsäge zugerichtet. Grobe Konturen werden herausgesägt. Denn was die Säge entfernt, braucht nicht herausgeschnitten zu werden.
Danach beginnt das eigentliche Schnitzen. Stundenlang, oft bis in die Nacht hinein, sitzt der Schnitzer über seinem Werk. Jeder Schnitt ist wohlabgewogen. Denn was weggeschnitten ist, läßt sich nicht mehr anfügen. Es ginge gegen die Ehre eines Schnitzers, etwa mit Leim zu korrigieren, was mit dem

Messer verpfuscht wurde. Vorsicht ist geboten! Wie leicht bricht Holz dort entzwei, wo es gar nicht soll!
Wie die Klöpplerinnen suchen die Schnitzer für ihre Arbeit gerne die Gemeinschaft auf. Nahezu in jeder Erzgebirgsgemeinde gibt es einen Schnitzverein, ein Schnitzerheim. Das ist eine kleine Spezialwerkstatt mit Hobelbänken, Fräsen, Bohrmaschinen, mit Bandsägen und Schleifgeräten. Wöchentlich einmal ist „Schnitzstund". Dann sitzen die Männer beieinander, schnitzen, erzählen, beurteilen gegenseitig ihre Arbeiten, erteilen Ratschläge oder helfen dem einen oder anderen Anfänger. Nachmittags waren schon die Jungen da, Schulbuben im Alter von acht Jahren an, manchmal ist auch ein Mädchen unter ihnen, zur „Kinnerschnitzstund". „Früh krümmt sich, was ein Häkchen werden will!" Wer kann es wissen, ob nicht Schnitzmeister von morgen unter ihnen sind?
Die erzgebirgische Hutzenstube ist im eigentlichen Sinne eine Arbeitsstube. Klöpplerinnen rutschen gerne zusammen, um in der Gemeinsamkeit zu arbeiten, einmal bei der, dann bei jener Nachbarin. Das hat auch den praktischen Zweck, Heizung zu sparen. Die Arbeit ist ja weit genug perfekt, daß man sich dabei ungehindert unterhalten kann. Mehr noch: Zum Zeitvertreib erfindet man allerlei Neckereien, Spielchen, Verse und Lieder. Damit will man sich zugleich beim Fortgang der Arbeit beflügeln. Dadurch wurde die Hutzenstube zugleich zur Wiege vieler Mundartlieder. Denn auch heute noch sind es vor allem die Frauen und Mädchen, die sie pflegen und weitertragen.
Beliebt war unter den Klöpplerinnen zum Beispiel das „Haschen". Eine perfekte Klöpplerin gab dabei hundert (einhundert gesteckte Nadeln) vor. Die Anfängerin zählte nun nach der ersten Nadel fort und sagte laut: „Hunderteins", nach der zweiten „hundertzwei" und so weiter. Wogegen die geübte Klöpplerin nach der ersten gesteckten Nadel mit „eins" anfing und von da an im Zählen fortsetzte. Beide zählten nun ihre gesteckten Nadeln für sich, jedoch laut fort. Das ging so lange, bis die Anfängerin eingeholt, also „gehascht" war. Je länger die Verfolgung dauerte, um so besser war es für die Anfängerin.
Kamen am Abend die Burschen oder Männer hinzu, um ihre Mädchen oder Frauen abzuholen, blieben sie auf einen „Niedersitz", vielleicht bei einem „Tippel" Kaffee und einem „Rährnkuchn", einem einfachen, auf der Ofenplatte gebackenen Küchlein. Dann wickelten die Männer ihr „Schnitzzeug" aus der Ledertasche, zogen die angefangene Schnitzerei aus dem Schurzfell, und schon spritzten die Späne.
Man erzählte, sang, neckte die Frauen und trieb allerlei Späße, zog ihnen die Aufstecknadeln aus den Klöppelkissen oder machte sie fürchten vor dem schwarzen Mann, der drüben am Wasserhaus schon warte. Vielleicht ging es gelegentlich auf einem solchen Hutzenabend auch einmal derb zu, wie wäre sonst Magister Oesfeld, der Chronist von Lößnitz, auf den Gedanken gekom-

men, im Jahre 1776 zu schreiben: „Es soll ein jeder seine Kinder und Gesinde des Nachts zu Hause behalten und sie nicht zum Rocken gehen lassen."
Fand ein verliebtes Paar nicht gleich heim, trieb sich in dem einen oder anderen Vorhäuschen noch eine Zeit lang umher, machte es „lange Nacht". Und man wunderte sich dann nicht, ging es bald „per krumme Arm", also versprochen, durch das Dorf.
Einmal blieb man länger beieinander, als sonst üblich, und belustigte sich am Essen und Trinken von gemeinsam aufgebrachten Kosten, das war zur „Hauswärm", auch „Schadrocken" (Scheiderocken) genannt. Mit diesem kleinen Hutzenstubenfest schloß gegen Ostern die Zeit des Stubenhockens. Man freute sich auf den Frühling und Sommer, die Klöpplerinnen darauf, wieder im Freien sitzen zu können.
Schon Pfarrer Wild kennt 1809 das Hutzengehen. Und er schreibt darüber: „Darunter versteht der gemeine Erzgebirger, einen Nachbarn ... auf eine nicht lange Zeit zu besuchen." Und dann berichtet er vom Geschehen einer solchen Stube: „Sie erzählten sich und sangen, scherzten und bemerkten nach besonders ausgesprochenen Sprüchen, wie viel sie ‚Schläge' gemacht hatten. Dann kamen einzelne junge Burschen, welche sich mit hinzusetzten und scherzten, oder, da es meist junge Bergleute waren, erzählten, wie sie heute auf der Grube hätten unglücklich sein können, worüber die Mädchen erschraken und innig bedauerten. Kurz, solche Winterabende im Erzgebirge sind sehr interessant, wenn draußen im Schnee der Sturm tobt und man in der warmen Stube unter solch gutherzigen Menschen traulich sitzt und ihren Erzählungen horcht, auch wohl gar von ihrer Gastfreundschaft und der einzigen Kost mit gebratenen Äpfeln traktiert wird."
Der alte Brauch des Hutzengehens ist im Erzgebirge auch heute noch üblich. Kommen die langen Winterabende, huscht man für eine kleine Stunde zum Nachbarn hinüber, erzählt, scherzt, neckt vielleicht das große Mädchen oder die Nachbarin. Das Fernsehgerät bleibt dann ausgeschaltet oder wird zur Geräuschkulisse degradiert. Auch dann, wenn sich im Dorfwirtshaus dieser oder jener Verein zusammenfindet, vielleicht zum „Saukoppassen" oder Bockbierfest, spricht man vom Hutzenabend.
Hat sich auch der Anlaß dieses Zusammenkommens geändert, geblieben ist der Sinn, sich gegenseitig zu treffen und sich näherzukommen, der Sinn für die Gemeinschaft.

Sankt Annen und der Hammer im Tal

Jedes Jahr, sobald Pfingsten vorüber ist, zieht es Tausende aus dem Erzgebirge und aus den benachbarten Landschaften hinauf zur Stadt am Pöhlberg, um teilzuhaben am größten Volksfest des Erzgebirges, der „Annaberger Kät".
Keiner weiß, woher das Fest seinen Namen hat. Die einen meinen, er käme vom mundartlichen „Gahd" (Gaudium), die anderen vermuten als Ursprung „Dreifaltigkeit", mundartlich gesprochen „Dreifaltigkät", woraus sich die Kurzform „Kät" ergeben haben könne.
Entstanden ist das Fest aus der katholischen Feier am Dreifaltigkeitstag, dem 1. Sonntag nach Pfingsten. Seit 1520 zogen an ihm Pilger zum Annaberger Gottesacker zu Trinitatis, der mit „heiliger Erde" bestreut war, um Ablaß zu erbitten. Und da zugleich die danebenliegende Dreifaltigkeitskapelle Kirchweih feierte, lag nichts näher, als für die frommen Pilger Essen und Trinken bereitzuhalten und für die Kirmesgäste Lustbarkeiten.
Nach der Reformation kamen zwar keine Pilger mehr, man hatte daraus ein sommerliches Totenfest gemacht, jedoch blieben die Buden mit dem Essen und Trinken und die Lustbarkeiten. Längst war der ursprüngliche Sinn vergessen, und die Totenfeier auch. Geblieben war ein Volksfest, die Annaberger Kät.
Der Kürschnermeister Grund (1742–1820), Annabergs Hans Sachs, erzählt von ihr:

„Oll'n Teifel trifft mer dir do a,
Schnaps, Kirschen un Zitrune,
do sieht mer änen Bücklingma,
hier änen mit Melune.
Un hier e Guckelkastenma ..."

Fiele Annaberg-Buchholz nicht wegen des dahinterliegenden Basaltkegels, des 832 Meter hohen Pöhlberg, ins Auge, so aber gewiß durch ihre die Stadt überragende Kirche, die sich breit und behäbig einen Platz zwischen den eng aneinandergerückten Häusern zu sichern wußte. Man meint, sie wolle wie eine Gluckhenne über ihre Küchlein wachen.
Annaberg ging aus dem Bergbau hervor. Der Sage nach soll dem mit einer kranken Frau und sieben Kindern in Frohnau lebenden Bergmann Daniel Knappe im Traum ein Engel erschienen sein, der ihm verhieß, hinauf zum Schreckenberg zu gehen. Dort werde er eine alles überragende Tanne finden, in deren Ästen sich ein Nest mit goldenen Eiern verberge.
Nahe der Wolfshöhle hatte er bald den Baum entdeckt. Jedoch enttäuscht mußte er vom Wipfel wieder herabsteigen, denn er hatte weder ein Nest, noch die goldenen Eier finden können. Da fiel ihm ein, daß mit den Ästen auch

die Wurzeln verstanden sein könnten. Und tatsächlich, als er nahe des Baumes einschlug, fand er einen reichen Erzgang.
Die Kunde von seinem Fündigwerden ging wie ein Lauffeuer über das Land und rief Bergbauwillige herzu. Das habe den Herzog Georg den Bärtigen 1496 dazu veranlaßt, eine Stadt zu gründen. Zum Andenken an den Bergmann Daniel Knappe, so will es die Sage wissen, hießen fortan die Bergleute allgemein die Knappen.
Der Maler Hans Hesse hat im Jahre 1521 die Sage auf einem vierteiligen Tafelwerk dargestellt. Es befindet sich auf der Rückseite des Hauptaltars der Sankt Annenkirche. Auf ihm ist zu sehen, wie in einer von Bergbaubetrieben durchsetzten Landschaft der Frohnauer Bergmann durch Daniel, in der Bibel als Traumdeuter genannt, zum Fundort geführt wird.
Tatsächlich soll der Bergmann Caspar Nietzel am 27. Oktober 1492 am Schreckenberg einen Erzgang aufgespürt haben, der im Zentner 2 Lot Silber enthielt. Auch der weitere rasche Abbau brachte erheblichen Gewinn, was ein neues „Bergkgeschrey" auslöste. So belief sich in den ersten drei Jahren der Bergwerksertrag auf 125 000 Gulden. Die Kunde lockte so viele Bergleute herzu, daß sie in den umliegenden Dörfern Frohnau, Rückerswalde, Dörfel und Hermannsdorf nicht einmal behelfsmäßig untergebracht werden konnten.
Die Hoffnung, der Schreckenberg könne mit seinem Silbersegen die maroden Kassen füllen, veranlaßte Herzog Albrechts Sohn, Georg, drei Sachverständige zu berufen: den Amtmann Cosputh, den Bergmeister Röling und den gelehrten Freiberger Arzt Ulrich Rülein von Calw. Diese drei Männer sollten wohlabwägen und danach den Ort für eine neue Siedlung bestimmen.
Des Herzogs Wunsch und Wille, die Stadt auf den Pöhlberg zu setzen, verwarfen die Sachverständigen, mit dem Bedenken, daß man auf der Höhe nicht genügend Wasser für die Bewohner schaffen könne. Jedoch konnte man den Wünschen des Herzogs auf halbem Wege entgegenkommen, denn man entschied sich für den Talhang des Pöhlberges. Dies hatte auch noch den Vorzug, daß sich der Platz an der Handelsstraße zwischen Böhmen und Sachsen befand.
Am 21. September 1496 legte man den Grundstein zum ersten Haus der neuen Siedlung. Ulrich Rülein von Calw fertigte die Pläne für die Gesamtanlage der „Neustadt am Schreckenberg". So gerne er einen schachbrettartigen Aufbau vorgesehen hätte, mußte er sich den natürlichen Bedingungen fügen und die Straßenführung der Hanglage anpassen. Dadurch erhielt die Siedlung eine eher kreisrunde Form. Nur vom rechtwinkelig angelegten Marktplatz konnte er die Straßen schachbrettartig abgehen lassen.
Im Jahre 1501 gab Kaiser Maximilian der Siedlung ihren Namen. Der Schutzheiligen der Bergleute zu Ehren sollte sie fortan Sankt Annaberg heißen.
Nebenan, am Schottenberg, der auf dem Gebiet des Klosters Grünhain lag,

Die St. Annenkirche mit dem interessant angelegten Kirchenportal zieht viele Blicke auf sich

Dieser 833 Meter hohe Tafelberg liegt in der Nähe der Stadt Annaberg-Buchholz

entstand nach 1500 eine weitere Siedlung, „Sankt Katharinenberg im Buchholz". Planlos setzten die Bergleute ihre Häuser terrassenförmig an den Hang. An Bedeutung konnte sich die Anlage mit der Nachbargemeinde Annaberg nicht messen. Jedoch befand sie Kurfürst Friedrich der Weise für würdig genug, ihr 1501 die Gerechtsamkeit einer freien Bergstadt zu verleihen. Aus der langen Ortsbezeichnung ging später dann die Kurzform „Buchholz" hervor.
Kurios ist die Sache mit den beiden Bergstädten aber doch, die seit 1945 zusammengehören. In ihrer Gründungszeit unterstanden sie verschiedenen Landesherrn. Gekommen war es dadurch, daß die Brüder Ernst und Albrecht, in der sächsischen Geschichte hinlänglich vom Prinzenraub zu Altenburg bekannt, 1485 ihr Land untereinander aufteilten. Und weil jeder vom fetten, wie vom mageren Teil haben sollte, entstand ein recht verwinkeltes, aus vielen Gebietssplittern sich zusammensetzendes Land, das aber auch gemeinsame Besitzanteile hatte. Im oberen Erzgebirge gelangte auf diese Weise das Westufer der Sehma an die ernestinische, das Ostufer an die albertinische Linie.
Eine Zeit lang ging das damit gut. Es wäre sicher auch so geblieben, hätte es nicht durch die Reformation zwischen den Herrscherhäusern Verwicklungen gegeben. Georg der Bärtige konnte den Luther mit seiner Reformation nicht ausstehen und bekämpfte sie bis zu seinem Tode im Jahre 1539. Anders dagegen der Ernestiner Friedrich. Der war ein Freund und leidenschaftlicher Anhänger Luthers.
Durch die reichen Silberfunde und die den Einwohnern von Annaberg bewilligten Freiheiten wuchs die Stadt sprunghaft in die Höhe. 1510 hatte sie 12000 Einwohner und war nach Freiberg Sachsens zweitgrößte Stadt. Die Stadtmauer, mit 5 Toren und 19 Türmen, an der man baute, konnte 1540 fertiggestellt werden. Von ihr ist nicht mehr viel erhalten. Denn da sie später ihre Funktion verlor, trug man sie nach und nach ab und verwendete ihre Steine zum Straßen- und Häuserbau. Heute müssen die Stadtväter alle Hände darüber halten, damit nicht auch noch die letzten Reste verschwinden.
Mit der Gründung der beiden Bergstädte Annaberg und Buchholz begann ein neuer Abschnitt der sächsischen Bergbaugeschichte. Denn nun war auch das obere Gebirge in das Berggeschehen einbezogen. 1516 wurden reiche Anbrüche im böhmischen Sankt Joachimsthal gemacht, ein Jahr später wurden Bergleute am Scheibenberg fündig. 1521 hob der Marienberger Bergbau an, 1527 der von Oberwiesenthal und 1540 der von Jöhstadt.
Der wirtschaftliche Aufschwung hatte auch seine geistig-kulturellen Auswirkungen. 1499 bis 1500 erschien Deutschlands ältestes gedrucktes Regelwerk des Bergbaus, die „Schreckenberger Bergordnung". Der Bau der Sankt Annenkirche wurde begonnen, die man 1519 einweihte, jedoch endgültig erst 1525 fertigstellte. In Buchholz entstand indessen die Katharinenkirche.

Es war vor allem der Annaberger Kirchenbau, der bedeutende Künstler an sich zog. Unter ihnen befanden sich die Baumeister Jakob von Schweinfurth und Christoph Walther, die Bildhauer H. W. (Hans Witten), von dem die „Schöne Tür" stammt, Franz Maidburg, der die hundert steinernen Reliefs an der Emporenbrüstung schuf, und der Maler Hans Hesse, der Schöpfer der Bildtafeln des Bergmannsaltars. An der Annaberger Lateinschule wirkte der Gelehrte Paulus Jensius (Jenisch). Er war Rektor dieser Schule, bevor er nach Dresden als Hofprediger ging. Annaberg verdankt ihm die „Geschichte der Meißnischen Stadt Annaberg", die erste Stadtchronik. Aus Annaberg kam Hieronymus Lotter, der Erbauer des Leipziger Alten Rathauses und der Augustusburg. Sein Vater, Melchior Lotter, war eine Zeit lang Bürgermeister der Bergstadt. 1540 ließ sich in Annaberg der Plattnermeister Peter von Speier nieder. Von ihm stammt z. B. die Rüstung für Herzog August, die er in der Schlacht bei Mühlberg trug. Bedeutung erlangten die Karthographen Georg und Matthias Oeder, die mit der sächsischen Landesvermessung begannen und erste brauchbare Landkarten Kursachsens lieferten. Der Meister C.G.W. fertigte so bedeutende Edelzinnwaren an, daß davon welche im Besitz des Museums des Louvre sind.
Annabergs berühmtester Bürgermeister war der Rechenmeister Adam Ries, der hier als Bergwerksbeamter, Rezeß- und später als Gegenschreiber wirkte. Geboren wurde er 1492. Seinen Geburtsort weiß man nicht sicher. Um ihn bewerben sich Staffelstein ebenso wie das Städtchen Zwönitz. Seit 1522 lebte er in Erfurt oder Zwönitz, bevor er 1525 nach Annaberg kam. Hier schrieb er seine ersten Lehrbücher der praktischen Rechenkunst, von denen es über 100 Auflagen gibt. Er gründete eine Rechenschule, führte die arabischen Ziffern des Stellenwertes und dekadischen Systems wegen ein. Daneben war er tätig im Münz-, Vermessungs- und Preiswesen und stellte Richtlinien für die Brotpreise auf. Sein Wohnhaus in der Johannisgasse ist noch erhalten. Eine Gedenktafel daran erinnert an sein Wirken.
Aus Annaberg stammt auch Christian Felix Weiße, der von 1726 bis 1803 lebte und in die deutsche Literaturgeschichte einging als „Kinderfreund". Außer Kinderbüchern verfaßte er Dramen und Singspiele im Sinn der Aufklärung. Mit den Singspielen gilt er als Begründer der deutschen Operette.
Der so schnell erblühte Bergbau hielt nicht lange vor. Um 1600 gab es nur noch geringe Ausbringungen. Auch die nunmehrige Nutzung des Kobalterzes konnten den allgemeinen Verfall des Bergwesens nicht verhindern.
Durch Klöppeln, Bortenwirken und Posamentieren konnte die Bevölkerung den Lebensunterhalt einigermaßen sichern. Dabei erwarb sich besondere Verdienste Barbara Uthmann, die von 1514 bis 1575 lebte. Sie war die Tochter eines Fundgrübners und Gattin eines Hüttenunternehmers. In der Zeit der besonders schweren Not rief sie nach Brabanter Muster das Spitzenklöppeln im Erzgebirge ins Leben. Damit begründete sie die Hausindustrie, die dem

Der Frohnauer Hammer – ein Muß für Besucher des Erzgebirges!

Erzgebirge die ganze Welt erobert hat. Sie beschäftigte Frauen, die für ihren Verlag in Heimarbeit Spitzen klöppelten.
Neben dem Handklöppeln gewann das Posamentieren zunehmend an Bedeutung. Mit der technischen Entwicklung wurde daraus eine Industrie, die noch heute in der Bergstadt bestimmend ist.
Wer Annaberg besucht, läßt es sich nicht nehmen, hinunter nach Frohnau zu gehen. Denn dort befindet sich der weithin bekannte Frohnauer Hammer. Das heute als Technisches Museum eingerichtete Hammerwerk ist mindestens seit 1436 bekannt als Öl- und Getreidemühle, verfiel um 1600 und wurde 1621 als Kupfer- und Eisenhammer wieder in Betrieb genommen. Als er 1692 abgebrannt war, entschied man sich für den Wiederaufbau. 1697 kam ein schönes barockes Herrenhaus hinzu, das durch sein Fachwerk eine Seltenheit darstellt. In althergebrachter Weise klopfte sich der Hammer durch die Zeit, bis er dann im Jahre 1904 verstummte. Sicher wäre er verfallen und längst eine Ruine, hätte man ihn nicht 1925 zum Technischen Denkmal erhoben.
Heute kann ihn jedermann besichtigen. Es geht ein Raunen durch die Schaulustigen, wenn der Hammermeister das Aufschlagwasser umdirigiert und einen der drei Hämmer in Bewegung setzt, den mit 2½, 5 oder 6 Zentner Gewicht.
Wüßte man nicht Zeitgenossen neben sich, Urlauber, Schüler, und blitzte nicht dann und wann ein Fotoapparat, man fühlte sich zurückversetzt, ein, zwei oder mehrere hundert Jahre, in die Blütezeit des erzgebirgischen Bergwesens. Und tritt man danach aus dem finsteren Hammerhaus ins Tageslicht, ist man sich gewiß, ohne den Hammer von Frohnau wäre man um ein eindrucksvolles Erlebnis ärmer.

Goethe studiert den erzgebirgischen Bergbau

Den Gepflogenheiten der Weimarer Hofgesellschaft folgend, begibt sich Goethe im Sommer 1785 zur Badekur nach Karlsbad. Lange vorher stellte er sich darauf ein, bei dieser Gelegenheit den erzgebirgischen Bergbau zu besichtigen, einen der modernsten Mitteleuropas.

Sechs Stunden benötigt der Kutschwagen, der ihn dann am 18. August von Karlsbad nach Johanngeorgenstadt bringt. Beim Post- und Bürgermeister Friedrich Baumann steigt er ab. Der ruft sogleich den Bergmeister Traugott Schmidt herzu, der dem Gast die Bergbaulandschaft erklären soll. Noch bevor das geschieht, besucht Goethe den Friedhof. Hier war tags zuvor die während ihres Kuraufenthaltes in Karlsbad verstorbene Freifrau von Rochow evangelisch beigesetzt worden. In stillem Gedenken verweilt Goethe an ihrem Grab.

Später hatte der Gatte der Verstorbenen eine 2,30 Meter hohe Marmorsäule setzen lassen. Auf dem hängigen Johanngeorgenstädter Friedhof steht die Säule nun schon 200 Jahre, heute denkmalgeschützt, und erinnert daran, daß hier Freifrau Susanne von Rochow beerdigt liegt, und auch daran, daß Goethe hier einmal stand.

Johanngeorgenstadts Bergbau floriert zu dieser Zeit. Auf 52 Gruben fahren 620 Bergleute an, darunter 26 Schichtmeister und 61 Steiger. Der Bergamtsassessor und Markscheider Aurich führt Goethe zum Pferdegöpel an der Eibenstocker Straße, zeigt ihm Pochwerke, Wasserkünste und befährt mit ihm Stollen und Gänge. Goethe ist von Johanngeorgenstadts Bergbau beeindruckt. Am Abend schreibt er an Charlotte: „Endlich hier, sechs Stunden von Karlsbad ... Morgen gehe ich nach Schneeberg, sehe mich unter der Erde um, wie ich es hier auch gethan habe, dann will ich eilig nach Hause ..."

Mit schönen Proben für seine mineralogische Sammlung versehen, kommt Goethe am 19. August 1785 in die Bergstadt Schneeberg. Seine großen Erwartungen bleiben jedoch unerfüllt. Denn hier erfährt er, daß eine in Dresden erteilte Anordnung verbietet, Fremde unter Tage zu lassen. Die in Schneeberg betriebene Kobaltförderung liefert die Grundlage für die Herstellung der blauen Farbe, Kobaltblau, die strenger Geheimhaltung unterliegt.

So muß sich Goethe mit dem Bergmeister Beyer begnügen, von dem er recht angetan ist. Als Goethe Schneeberg verläßt, hat er schöne Gesteinsproben aus der Bergstadt und ihrer Umgebung bei sich und Beyers Versicherung, ihm fürs nächste Jahr eine Einfahrbewilligung zu besorgen.

Als Goethe am 27. Juli 1786 in Karlsbad zu einer erneuten Kur eintrifft, erwartet er Beyers Mitteilung und Einladung. Am 31. Juli 1786 geht die aus Dresden kommende Bewilligung ein. Sie heißt kurz und unmißverständlich: „Vor dieses mahl." Goethe ist darüber glücklich. Charlotte von Stein, die ebenfalls

in Karlsbad weilt, teilt er mit: „Eben ist mir die Einwilligung der Dresdner Kabinettkanzlei zugestellt, wonach ich die Schneeberger Gruben befahren darf. Ich werde dich bis dahin begleiten können."
In aller Frühe des 14. August 1786 besteigen beide die Extrapost, Lotte, um nach Weimar zu reisen, Goethe, um sie auf dieser Fahrt zu begleiten. Das Wiedersehen mit Post- und Bürgermeister Baumann, Bergmeister Schmidt und Assessor Aurich in Johanngeorgenstadt ist kurz und reicht lediglich, gemeinsam das Mittagsmahl einzunehmen. Denn am späten Nachmittag will Goethe in Schneeberg sein.
Im Schneeberger Gasthof „Zum Goldenen Ring" bezieht Goethe Quartier. Indessen der Hausknecht sein Gepäck abträgt, verabschiedet Goethe Charlotte von Stein, die nach Weimar weiterreist. Obwohl er seit langem seine Italienreise plant und vorbereitet, sagt er ihr auch in dieser Stunde darüber kein Wort. So kommt ein Riß in ihr vertrautes Verhältnis, ohne daß sie es ahnen.
Noch am Abend läßt Goethe Bergmeister Beyer kommen, um mit ihm die Vorhaben der nächsten Tage zu beraten. Tags darauf in aller Frühe beginnt Goethe mit dem Studium der Bergwerke und ihrer Anlagen. Während der Begehung macht er unablässig Notizen, läßt sich Begriffe erläutern, Zahlen und anderes Merkenswertes wiederholen: „Befahrung. Fürstenvertrag. Granit und Schiefer abwechselnd ..." Die Fülle der Beobachtungen und Erkenntnisse will ihn erdrücken. Abends schreibt er sie auf frische Bogen. Es hat den Anschein, als wolle er ein Bergbaulehrbuch verfassen. Über den Filzteich oberhalb von Neustädtel notiert er: „Der große Filzteich ist deshalb so genannt, weil seine südliche Seite an ein Terrain stößt, das aus Granit-Verwitterung besteht und mit Torf, welches vom Volk Filz genannt wird, bedeckt ist ..."
Am Abend des 16. August setzt er sich hin und berichtet an Charlotte von Stein: „Hier hab' ich viel Interessantes gesehen, nur zu viel für zwei Tage ... In Mineralogie kann ich ohne Chemie nicht einen Schritt weiter, das weiß ich lange und habe sie darum bei Seite gelegt, werde aber immer wieder hineingezogen und gerissen. Es ist mir recht bunt im Kopf von den Ideen der zwei Tage ..." Bei strömendem Regen verläßt Goethe in der Morgenstunde des 17. August 1786 die Bergstadt.
Vier Jahre später, im Herbst 1790, freilich nur auf wenige Stunden, kommt Goethe wieder ins Erzgebirge. Diesmal ist er auf der Rückreise von Schlesien.
Gegen Mittag des 3. Oktober 1790 kommt er in der Bergstadt Freiberg an. Hier trifft er sich mit den Vornehmen des sächsischen Bergwesens, mit dem Berghauptmann Benno von Heinitz, Abraham Werner und Kunstmeister Mende. In seinen Blättern suchen wir vergeblich nach näheren Aufzeichnungen über diesen Besuch.
Seit 1801 ist Goethes Freund Heinrich von Trebra Nachfolger des verstorbe-

nen Oberberghauptmanns Benno von Heinitz in Freiberg. Seine Freundschaft, die seit 1776 zu Goethe vor allem brieflich besteht, sollte sich neu beleben. Es mußte erst das Jahr 1810 herankommen. Goethe trifft in Trebras herrschaftlichem Haus, Freiberg, Kirchgasse 15, dem Schönbergischen Hof, am 26. September ein, drei Wochen früher, als es vorgesehen war. Er wird ein paar Tage bleiben, sich seinem Freund widmen und das Freiberger Bergwesen studieren. Sogleich besuchen sie die Lehranstalt. Abraham Werner, der hier lehrt, ist, wie so oft, auf Reisen. So besichtigen sie die Stadt, den oberen Kreuzteich und speisen mit Lampadius, einem der Freiberger Professoren.
Auch der nächste Tag ist ausgefüllt: Sie wandern hinaus zu den „Drei Kreuzen" am alten Häuersteig, befahren eine Grube, speisen mit Adolf von Gutschmid zu Mittag und sind danach in Halsbrücke und an der Altväter-Wasserleitungsbrücke. Goethe besieht sich das Amalgamierwerk. Dort trägt er sich in das Gästebuch ein. Den Abend verbringt er in froher Runde bei literarischen Gesprächen.
Freilich unerwartet, jedoch nicht ganz gegen seine Gepflogenheit, ist er am nächsten Morgen, es ist der 28. September, ohne Abschied fortgefahren über Oederan, Flöha nach Chemnitz.
Entschuldigend heißt es dann in einem Brief vom 19. November 1810 an Trebra: „Ich hoffe die verehrten und geliebten Freiberger sind überzeugt, daß alles, was mir zu Liebe und Nutzen geschehen, unvergessen bleibt, ja daß eine meiner angenehmsten Erinnerungen des Jahres sich auf jenes edle und so wohl bearbeitete Bergrevier bezieht ..."
Kehren wir nochmals zum 28. September 1810 zurück: In den Mittagsstunden kommt Goethe in die 12 000 Einwohner zählende Stadt Chemnitz. Indessen er hier sein Mahl einnimmt, trifft der herbeigerufene Hofrat Dürisch ein. Er gilt als Kenner und Förderer des wirtschaftlichen Lebens der Stadt. Goethe entschließt sich dazu, die eine der großen Harthauer Spinnereien zu besuchen, die modernste ihrer Art, nach englischem Vorbild eingerichtet.
Seine Aufzeichnungen über den Chemnitzer Besuch bleiben sparsam. Unter dem 28. September 1810 heißt es lediglich: „Früh von Freiberg über Oederan. Daselbst zu Mittage. Nach Tische mit Hofrat Thiersch die Spinnereien besehen ..." Wo Goethe über Nacht bleibt, wissen wir nicht, auch nicht, wo er seine Bemerkungen über Chemnitz niederschreibt. Die unsicheren Zeiten verbieten die sorgfältige Führung von Fremdenlisten.
Das Frühjahr und den Sommer von 1813 verbringt Goethe in Teplitz. Der Krieg gegen Napoleon und seine Verbündeten geht seinem Höhepunkt und Abschluß entgegen. Für die Bevölkerung wird das Leben immer unsicherer. Ungeachtet dessen will Goethe den osterzgebirgischen Zwitterstock von Zinnwald und Altenberg besuchen. Der Zinnabbau, den er im böhmischen Graupen näher kennenlernte, übt auf ihn faszinierende Wirkung aus. Selbst nennt er sich gelegentlich einen „Zinn-Narren".

Er beachtet die Warnung der Badegäste nicht und fährt am 9. Juli 1813 in den Abendstunden ab. Gegen halb acht Uhr ist er in Zinnwald. In einem „Gasthof, der einem Fleischer gehört“, nimmt er Quartier. Am nächsten Morgen beginnen seine Erkundungen in und um Zinnwald, Altenberg und Geising. Besonders in der Fundgrube „Vereinigt Zwitterfeld“ betreibt er Studien, am Aschergraben und an der Binge.
Nach drei Tagen, am 11. Juli 1813, kehrt er zurück, zum Erstaunen der Badegesellschaft, unversehrt und wohlerhalten. Über seine Exkursion schreibt er einen längeren Aufsatz, der in den großen Ausgaben seiner Werke zu finden ist. Ihn schließt er geradezu mit einer Entschuldigung ab: „Wenn man dieses Datum bemerkt, wie ich den *elften* Juli von dieser Höhe schied, so wird man verzeihen, daß ich einen mir so wichtigen Gegenstand nur flüchtig, ja verstohlen betrachtete ...“
Längst wieder in Weimar, läßt er am 24. November Trebra in Freiberg wissen: „... vorigen Sommer war ich lange in Deiner Näher aber die bedenklichen Zeitläufte ließen mich nur einen Kreis um Dich ziehen, ohne mich in den Mittelpunkt zu wagen.“
Noch einmal soll Goethe mit dem erzgebirgischen Bergwesen in Berührung kommen. Freiherr von Herder, Goethes Patenkind, wird nach Trebras Tod im Jahre 1823 Oberberghauptmann in Freiberg. Viele Male wirbt er um Goethes Besuch. Der hält jedoch vom Reisen nicht mehr viel. In Berücksichtigung seines Alters unterläßt Herder auch die Einladung 1831 zur Einweihung der Antonshütte im Schwarzwassertal. Jedoch beteiligt er ihn brieflich an der Feier. Als Goethe ein gedrucktes Blatt mit den dabei gesungenen erzgebirgischen Bergreihen erhält, äußert er sich wohlwollend in seinem Antwortbrief darüber: „Fürwahr, jenen Liedern, von einem reinen Enthusiasmus beseelt, sind, mit heitrem Sinn und Geschmack vorgetragen, geeignet, nicht allein die Gebildeten zu ergötzen, sondern auch die tüchtigen, natürlichen Menschen zu einem Gefühl höherer Bildung heranzulocken ...“
Acht Tage, bevor Goethe am 22. März 1832 seine Augen für immer schließt, gedenkt er noch einmal Freiberg und damit des Erzgebirges, indem er an den Grafen Sternberg nach Böhmen schreibt: „... daß ich in der vielleicht niemals ganz aufzuklärenden Geschichte der Gebirgsgänge von Freiberg auf das freundlichste gefördert worden.“

Oberwiesenthal – am höchsten!

Der Rekorde gibt es viele: Oberwiesenthal hält den, Deutschlands höchstgelegene Stadt zu sein. In eine breite Hochfläche am Fuß des Fichtelberges eingebettet, liegt die Siedlung 914 Meter über dem Meeresspiegel. Dies den Hochgebirgern voraus zu haben, macht die Bewohner stolz und nährt bei ihnen die Lust, ungeachtet aller Erschwernisse, zu bleiben. Auch wenn der Kurfürst von Brandenburg einmal gesagt hat: „Wat die Tübel mackt ir Lüte in dem wilden kahlen Orte / steckt dat Lumpen-Nest mit Füer an / und komt in mins Herrn Land." Was weiß ein solcher Flachländer schon, der gerad einmal vorbeigekommen ist, vom Leben im Gebirge!

Nach Oberwiesenthal gelangt man auf unterschiedliche Weise. Am bequemsten ist es, man setzt sich in das Auto, sofern man hat, gibt Gas und steuert seine PS, sagen wir, von Chemnitz aus, auf der B 95 hinauf ins Gebirgsland. Die Straße ist einigermaßen in Ordnung, die Strecke leicht befahrbar und abwechslungsreich.

Man spürt am Motorengeräusch den allmählichen Aufstieg zum Kamm hin. Dann und wann eröffnen sich schöne Blicke über weite Wiesenflächen und Felder. Buschwerkbewachsen sind die Feldränder aus Lesesteinen. Kirchtürme und Dächer schauen hinter Kuppen hervor. Dann wieder durchfährt man Wald, der die Strecke säumt. Altehrwürdige Bergstädte lassen grüßen: Thum, Ehrenfriedersdorf im Greifensteingebiet. Hinter dem Ort, am Schusterberg, bietet sich ein Weitblick hinüber nach Elterlein und Zwönitz. In andere Richtung hin zum Scheibenberg, Bärenstein und Fichtelberg.

Am Weißgut, kurz vor der Kreisstadt Annaberg-Buchholz, läßt sich nochmals in einem weiten Rund das mittlere Erzgebirge überschauen. Die Straße hat beachtlich an Höhe gewonnen.

Annaberg-Buchholz liegt hangabwärts in westlicher Richtung. Der mächtige Turm der St. Annenkirche rückt immer wieder in das Blickfeld. Entgegengesetzt davon, greifbar nahe, erhebt sich eine der wuchtigen erzgebirgischen Basaltkuppen, der 832 Meter hohe Pöhlberg. An einem weiteren Basaltberg, dem 898 Meter hohen Bärenstein, führt die Straße ostwärts vorüber.

Die nun auftauchenden Häuser, die dicht an die Straße rücken, bilden Hammerunterwiesenthal. Dies ist der älteste Teil der Bergstadt, der Ausgangspunkt der Besiedlung am Fichtelberg.

Oberwiesenthal ist ein kleines Städtchen. Seine Anlage ist bescheiden, wenn auch da und dort der mächtige Zementklotz eines Ferienhotels hervorschaut. Die Straßen innerhalb der Stadt sind eng und freie Plätze selten. Und außerdem ist sie ein Kurort. Deshalb sollte man am Ortseingang parken. Denn was es zu sehen gibt, läßt sich ohnehin nur zu Fuß erschließen.

Für die aber, die weiter wollen, hinauf zum Grenzübergang auf der Höhe, gibt es eine Umgehungsstraße. Sie führt ostwärts an der Stadt vorüber, zieht eine weite Schleife und erreicht oberhalb des Zechengrundes die ursprüngliche Trasse der B95. Übrigens: Vom Grenzkontrollpunkt bis nach Karlsbad ist es kaum mehr als eine halbe Autostunde.
Wer es nicht ganz so eilig hat, nach Oberwiesenthal zu gelangen, und darüber hinaus ein wenig Romantik liebt, der sollte zur Anreise die Eisenbahn benutzen.
Auf dem Chemnitzer Hauptbahnhof steht der Zug nach Bärenstein bereit. Die Strecke macht einen umständlich weiten Bogen, Flußtälern folgend und führt über Flöha. Von da an klettert sie das Zschopautal aufwärts. In Erdmannsdorf führt sie an der Augustusburg vorüber, in Zschopau am Schloß Wildeck. Auch Scharfenstein und Wolkenstein liegen an der Strecke und unterhalb von Annaberg-Buchholz der altehrwürdige Frohnauer Hammer.
Es ist ein angenehmes Gefühl, durch das Abteilfenster schauend, die Landschaft an sich vorüberziehen zu lassen. Wer freilich verpaßt, in Cranzahl umzusteigen, umfährt im Zug sitzend in weitem Bogen den Berg und landet im Ort Bärenstein.
In Cranzahl wartet schon ein Züglein den Anschluß ab, die Kleinbahn nach Oberwiesenthal. Hat sie Hochkonjunktur, wie zu den Ferienzeiten, fährt sie mit acht, sonst mit fünf und in harter Winterszeit nur mit einem Personenwagen. Beginnt die große Fahrt, gibt es einen spürbaren Ruck. Mit einer Geschwindigkeit von 25 Kilometern in der Stunde geht sie auf die Strecke. Sie ist bis Oberwiesenthal 17,4 Kilometer lang. Also, eine knappe Stunde wird's dauern, bevor sie ihr Ziel erreicht hat. In dieser Zeit hat die Bahn einen Höhenunterschied von 240 Metern überwunden. Der Bahnhof in Cranzahl liegt 653 und der von Oberwiesenthal 893 Meter hoch. Einen Zug 240 Meter hoch zu heben, das ist eben auch eine Kraftleistung!
Als die Eisenbahnlinie vor der Jahrhundertwende gebaut wurde, war sie ein großer Fortschritt für Oberwiesenthal und das Fichtelberggebiet. Nun konnte sich, wenn auch in bescheidenem Maße, die Industrie entwickeln, und der Fremdenverkehr, den es bis dahin kaum gab, erhielt seine Basis. Die erste Fahrkarte, die für diese Strecke ausgegeben wurde, löste die damalige Oberwiesenthaler Botenfrau. Sie hatte die Nummer 0001 und galt für die Fahrt am 20. Juli 1897. Sie wird heute noch wie ein Heiligtum im Oberwiesenthaler Bahnhof aufbewahrt.
Oberwiesenthal liegt in eine weite Geländeschüssel eingebettet. Sie wird von den Kuppen umgeben des Vorderen und Hinteren Fichtel-, Eisen- und Keilberges. Sie alle überragen die Stadt um runde 200 Meter. Der Pöhlbach hat sich tief eingesägt. Er ist nicht sehr breit. Jedoch bildet er bis hinunter nach Bärenstein die Grenzlinie zur ČSFR. Jenseits der Grenze erstreckt sich der Hang bis an den Horizont.

Schneemassen in Oberwiesenthal im Winter 1878/79
(Nach einer zeitgenössischen Darstellung)

Wer kann heute schon nachvollziehen, was die Menschen bewog, 1406 sich hier anzusiedeln. Das Land war unwegsamer als anderswo, das Klima rauh. Der Winter dauerte gut und gerne sieben Monate. „Witzinthal" nannten sie ihren Ort, direkt an den Pöhlbach gerückt. Gemeint war damit Unterwiesenthal, das 1510 sogar Stadtrecht erhielt. 1525 begannen seine Bewohner nach Zinn-, Eisen und Silbererzen zu suchen.
Als man ein paar Jahre später auch davon im Zechengrund fand, war man in guter Hoffnung. Mit Freiberg, Schneeberg und Annaberg konnten sich die Ausbringungen nicht messen. „Wenn auch!" dachten die Herren von Schönburg und gründeten 1527 die „Neustadt Wiesenthal" am Fichtelberg, gedacht, Erzsuchern eine Bleibe zu schaffen. Gitterförmig angelegt, sollte sie den großen erzgebirgischen Bergstädten gleichen.
Wenn auch von einem Valentin Thandorn berichtet wird, er habe durch den Bergbau innerhalb von 28 Jahren 216000 Pfund Silber „gewonnen", so blieb die Ausbeute bescheiden. Die erhoffte große Blüte des Bergbaus

blieb aus. Das Bergwesen leierte dahin, bis man 1850 die letzte Grube schloß.
Seinen besonderen Standort hatte der Oberwiesenthaler Bergbau im Zechengrund. Das vom Pöhlbach südlich der Stadt eingesägte Kerbtal liegt in der Grenzausstülpung. Hier standen Kauen, Zechenhäuser und Erzwäschen. Verfallene Schürfe und Grubenbaue lassen das frühere Bergwerk ahnen. Der Weg im Grund ist schmal, denn zwischen Grenzbach und Steilhang bleibt nicht viel Platz. Den Hang empor kann man nur auf dem Zickzackweg gelangen. Die Fläche ist seit 1925 ein Naturschutzgebiet. Wer sich auskennt, wird bald subalpine Pflanzen entdecken, wie Alpenlattich, Bärwurz, Geflecktes Knabenkraut und Sumpfenzian.
Nachdem der Bergbau nicht mehr florierte und auch der Wald nicht allen Beschäftigung geben konnte, zogen verschiedene Hausgewerbe in die Stadt, unter ihnen Büchsenmachen, Nägelschmieden, Klöppeln, Sticken und Wirken. Auch Nadler waren darunter. Zwischen 1830 und 1939 blühte das Streichholzschnitzen, später gewannen die Lederverarbeitung und Handschuhherstellung an Bedeutung.
Den Bergbau hat man in Oberwiesenthal nicht ganz vergessen. Das Wappen der Stadt wird von zwei Bergleuten in Arbeitskleidern gehalten. Selbst führt es im rechten unteren Viertel des Wappenschildes Schlägel und Eisen, die Insignien des Bergbaus.
Die Postdistanzsäule aus dem Jahre 1730 auf dem Marktplatz beweist, daß schon früher Fremde in, zumindest aber durch die Stadt kamen. Zählt man die auf den vier Seiten eingehauenen Ortsangaben, kommt man auf die Zahl 78. Man darf sich nicht irre machen lassen: Die auf der Säule angegebenen Stunden sind nicht als Zeit-, sondern als Längenmaß aufzufassen. Durch ein Mandat von Friedrich August I. von 1722 wurde festgelegt, daß eine Stunde gleich einer halben Meile sei, einer Entfernung von 4,531 Kilometern.
Schon in den „Wanderungen durch das Sächsische Erzgebirge“, erschienen 1840, wird der Stadt am Fichtelberg ihr Loblied gesungen: „So komm denn heran, lieber Leser, dem es im Niederlande zu schwül und beklommen werden will“, so heißt es, „und durchstreife mit mir zu Fuß die Höhen des sächsischen Erzgebirges. – Komm und versetze dich mit mir gleich auf den Centralpunkt des sächsischen Hochgebirges, auf den 3,795 Fuß über dem Meeresspiegel liegenden Fichtelberg!“
Von einem Fremdenverkehr in Oberwiesenthal kann erst seit der Jahrhundertwende gesprochen werden. Es ist die Zeit, in der man den Wintersport entdeckte. So kam im Jahre 1897 der norwegische Ingenieur Ohlsen mit ein Paar Skiern in die Stadt. Für die Bewohner war das eine Sensation! Er war das Tagesgespräch Nummer eins! Die einen bestaunten ihn wegen seiner Kühnheit, mit diesen glatten Dingern über den Schnee hinzurutschen, die anderen lächelten darüber und hielten den Mann für verrückt.

Wintertag auf dem Gipfel des Fichtelberges

Wie schnell sich doch die Dinge ändern! Denn 1911 gab es in Oberwiesenthal die ersten deutschen Skimeisterschaften. Und zum ersten Mal wurde bei einem Skispringen die Traumweite von 24 Metern erreicht!
Oberwiesenthal ist heute einer der wichtigsten Wintersportplätze des Erzgebirges. Ist das Wetter danach, bevölkern bis zu 30000 Tagestouristen die Stadt, und an den Skihängen wimmelt es wie auf einem Ameisenhaufen.
Das große Hanggelände am Fichelberg, durch Pistenfahrzeuge präpariert, ist das Eldorado vor allem der Skifahrer. Wer aufwärts will, benutzt einen der Sessel- oder Schlepplifte. Für Anfänger und Fortgeschrittene halten die von der Kurverwaltung angestellten Skilehrer ihre Kurse bereit.

Oberwiesenthal hat eine Rodelbahn und drei Sprungschanzen, eingerichtet für internationale Skiwettkämpfe. Von hier kommen Weltmeister und Olympiasieger im Rennrodeln und Skispringen. Die für die allgemeine Benutzung bestimmten Skihänge sind gekennzeichnet. Es gibt Abfahrtsstrecken mit vier verschiedenen Schwierigkeitsgraden.
Vom Kurort aus lassen sich Touren unternehmen mit den Skiern oder gemieteten Pferdeschlitten. Denn um ihn herum liegt ein geschlossener Waldgürtel, über 100 Quadratkilometer groß. Indessen sich die Fahrgäste unter die warmen Decken kuscheln, gleitet bei Schellengeläut der Schlitten durch den Winterwald. Gebauer schwärmte schon im vorigen Jahrhundert: „Die alten Bäume der benachbarten Forste geben dann das seltsame Bild des Waldes riesengroßer Korallen, und die jüngeren, die zumeist ganz verschüttet sind, erscheinen wie ein im Sturm erstarrtes Meer …"
Vor mehr als 80 Jahren kamen die Oberwiesenthaler auf die Idee, einen Maskenball auf Skiern auszurichten. Seit diesen Tagen zieht jedes Jahr, wenn Fastnacht ist, das närrische Volk durch die Stadt und tobt sich am Skihang aus. Zur Attraktion von damals zählte auch die Schußfahrt mit riesigen Hörnerschlitten. Das würde heute niemand mehr ins Staunen versetzen. Sobald Oberwiesenthals Skikaiser sein Zepter schwingt, werden aus normalen Wintersportlern Akrobaten auf glatten Brettern. In Pirouetten und Saltis jagen sie den Hang hinab, springen über verschiedene Hügel oder durch brennende Reifen.
Wer zum Wipfel des Fichtelberges will, erspart sich den erschwerlichen Aufstieg und benutzt die Seilschwebebahn. Jährlich befördert sie eine halbe Million Bergbesucher. Sie wurde im Dezember 1924 eingeweiht und gilt als die erste Seilschwebebahn Deutschlands. In einer Hängekabine haben 44 Personen Platz. Die Strecke ist 1175 Meter lang, auf der ein Höhenunterschied von 305 Meter zu überwinden ist. Alle 6 Minuten fährt eine Bahn. Ihre Reisegeschwindigkeit beträgt 3,5 Meter in der Sekunde.
Wer dann, ein wenig knieweich, auf dem Plateau des Berges angelangt ist, weiß, höher als er steht keiner in Sachsen, jene, die den Aussichtsturm bevölkern, ausgenommen. 1214 Meter ist der Fichtelberg hoch, nur der Keilberg nebenan im Böhmischen ist noch 30 Meter höher.
Conradus Celtes aus Franken, 1505 gestorben, wußte in seinem „Carmine de Sylva Hercynia" über ihn zu schreiben:

„In Mittel des Schwartzwaldes /
der sich durch Teutschland ziehet /
Um dessen Berg und Thal
sich Roß und Man bemühet /
Erhebt der Fichtelberg das Haupt biß Himmel-an /
Daß man gar weit die Hörner sehen kan."

Auf dem Fichtelberg steht eine Steinsäule. Sie markiert die höchste Stelle

Die Seilschwebebahn erspart den erschwerlichen Aufstieg zu Fuß

des Berges. Auf ihr ist zu lesen: „Station Fichtelberg der mitteleuropäischen Gradmessung. – Königreich Sachsen 1864." Da der Berg damals noch ohne Waldbewuchs war, stand die Säule frei und blieb weithin sichtbar. Ein anderer Gedenkstein nahe der Bergstation erinnert an die Aufforstung des Berges zwischen 1848 und 1869. Übrigens war das eine Meisterleistung damaliger Forstleute, bis zur Kuppe Wald anzubauen und zu erhalten.
Seit 1916 befindet sich auf dem Fichtelberg eine Wetterwarte. Sie ist eine meteorologische und hydrologische Station I. Ordnung und zählt zu den wichtigsten deutschen Bergwetterstationen. Daneben hat die Technische Universität Dresden einen Pflanzgarten angelegt, um sich mit der Erforschung der Gebirgsflora beschäftigen zu können.
Wie die meisten Berge des Mittelgebirges hat auch der Fichtelberg sein Gasthaus. Es wurde 1889 errichtet. Seit dieser Zeit ist das Haus immer wieder verändert und erweitert worden. In der Nacht vom 25. zum 26. Februar 1963 brannte es bis auf die Grundmauern nieder. An seine Stelle baute man danach das heutige Gasthaus mit dem Aussichtsturm.
Man muß einen Sonnenuntergang auf dem Fichtelberg erleben, um Anton Günthers Lied vom Feierabend nachempfinden zu können:

„De Sunn steigt hintern Wald drübn nei,
besaamt de Wolken rut,
e jeder legt sei Warkzeig hi
on schwenkt zen Gruß senn Hut.
's is Feierobnd, 's is Feierobnd.
Es Togwark is vollbracht,
's gieht alles seiner Haamit zu
ganz sachte schleicht de Nacht."

Geyersche Binge und die Greifensteine

Der Raum zwischen den Bergstädten Geyer, Ehrenfriedersdorf, Thum und dem Greifenbachstauweiher wird nach der im Mittelpunkt liegenden Felsengruppe benannt: „Greifensteingebiet".
Die Felsen mit ihrer Umgebung zogen von jeher Touristen an. Leupoldt, ein Kenner des Gebirges, lobte sie 1868 mit den Sätzen: „Einer der schönsten Punkte ist unumstritten der Greifenstein bei Thum. Er ist von glänzender Umschau, seltsam grotesker Felsbildung und einladender Ruhe zugleich."
Berühmt wurde die Gegend vor allem wegen ihrer bergbaulichen Vergangenheit. Hier hat man bereits vor mehr als 750 Jahren nach Zinn-, Kupfer-, Blei- und Silbererz geschürft. Deshalb gehören die Orte Geyer, Ehrenfriedersdorf und Thum zu den ältesten Bergstädten des Erzgebirges.
Das Greifensteingebiet liegt an der B 95 von Chemnitz nach Annaberg und ist mit dem Kraftfahrzeug gut zu erreichen. Für die Chemnitzer ist es ein gern besuchtes Erholungsgebiet. Denn inmitten ausgedehnter Wälder mit ruhigen Wanderwegen gibt es einen Badesee, die Greifensteine als Kletterfelsen und ein Naturtheater.
Kernstück des Gebietes sind die Greifensteine. Sie liegen 732 Meter hoch. Die sieben zerrissenen Granitfelsen stehen dicht beieinander. Sie sind die Verwitterungsreste eines alten eruptiven Granitstocks. In ein dichtes Waldgebiet eingebettet überragen sie ihre Umgebung. Diese wollsackartig gegliederten Felsen sind zwar nur 20 bis 30 Meter hoch, bieten aber den Kletterern ideale Übungsmöglichkeiten. Sie kennen wenigstens 60 Aufstiegswege mit unterschiedlichen Schwierigkeiten. Und für diejenigen, die, des Kletterns ungeübt, einen der Gipfel stürmen wollen, hat man eine Aussichtsplattform geschaffen, auf die man über eine Treppe gelangen kann. Wer auf diese Weise die Greifensteine besteigt, kann nicht beanspruchen, seinen Namen in ein Gipfelbuch schreiben zu dürfen.
Dafür wird er entschädigt durch den herrlichen Rundblick, den er von hier oben hat. Und ist die Sicht klar, wird er jenen gerne zustimmen, die von den Greifensteinen sagen, sie lägen genau auf dem Mittelpunkt des Erzgebirges.
Man erzählt, Gottvater habe sich hier oben hingesetzt und reihum das Erzgebirge aufgebaut wie andere sonst einen Weihnachtsberg: da ein Haus und dort ein Haus, ein paar Berge, Hügel und dazwischen Täler. Einen Wasserlauf, ein Städtchen daran, Wiesen, Gärten, Straßenbänder. Nackte Stellen ließ er nicht, die deckte er mit Wäldern zu. Und damit sich die Menschen etwas verdienen konnten, versteckte er Erze in den Boden, die sie sich suchen konnten.
Nun sollten die Dinge auch einen Namen haben, damit man sich damit auskennt. Also sann er darüber nach und bestimmte, was er mit dem Finger zeigte: Wolkenstein, Annaberg, Geyer und Thum, Augustusburg, Zwönitz, Stoll-

Die Greifensteine bieten ideale Übungsmöglichkeiten für Kletterer, aber auch für Ungeübte gibt es einen Aufstiegsweg zu einem der Gipfel.

berg. Und auch den Bergen gab er Namen: Tannenberg, Gastberg, Bärenstein und Schatzenstein. Die Bäche bekamen ihre Bezeichnung, die Burgen, Schlösser, Kirchen, jede Wasserpfütze.
Und da es ein sonniger Tag war und die Luft spiegelblank, machte es ihm Spaß, auch den fern liegenden Zielen ihren Namen zu geben: Altenburg, Sachsenburg, Rochlitzer Berg und Oederaner Turm. Als ihm alles wohlgeordnet und bezeichnet schien, umgab er die Greifensteine mit einem dichten Wald, setzte Hochwild, Rehwild und Hasen hinein und schuf dem Freischützen Karl Stülpner ein Jagdrevier. Denn er meinte, das sei er den Erzgebirgern schuldig.
Einer Sage nach soll auf den Greifensteinen ein Raubschloß gestanden haben. Das reizte die Heimatforscher, den Dingen auf den Grund zu gehen. Und so gibt es im Erzgebirge keine andere Burg, nach der intensiver und vergeblicher gesucht wurde. Fleiß und Forscherdrang haben sich gelohnt! In den letzten Jahren fanden sich tatsächlich Beweisstücke von einer Befestigungsanlage. Was da einstmals stand, war kein Prunkschloß, ein bescheidenes Werk zur Sicherung des eigenen Lebens. Aus ungeklärten Gründen ging es im 15. Jahrhundert ein.
Aus der Greifenstein-Gaststätte steigt zwar der Duft nach Sauerbraten und lockt zu Gaumenfreuden. Geschichtsversessene lassen sich davon nicht reizen, die heben sich derarte Freuden für später auf. Denn gegenüber, dicht an den Felsen gepreßt, befindet sich ein kleines Museum. Dort sind sie ausgestellt, die Beweisstücke der Burg Greifenstein: Keramikreste, Tierknochen, Hufeisen, Pfeil- und Speerspitzen, Spinnwirtel. Sogar ein Madonnenfigürchen ist darunter. Die Forscher geben keine Ruhe. Vielleicht kommen neue Beweisstücke hinzu. Denn inzwischen weiß man: slosz Cryfenstein wurde zwischen 1180 und 1200 erbaut. In einer Urkunde ist es nochmals 1372 erwähnt. Für immer verschwand es im 19. Jahrhundert. Auch was sonst noch der Felsen an Schätzen hergab, ist im Museum zu sehen: Minerale, Kristalle, alle von schönstem Glanze.
Und so erzählt man sich folgende Sage von den Greifensteinen. Als sich ein fremder Wanderer auf dem Wege von Sachsen nach Böhmen verirrte, sei er an die Felsen gekommen, die ihn das Weiterkommen versperrten. Als er ratlos davor stand, trat eine Geistergestalt zwischen den Felsen hervor. Die nahm ihn bei der Hand und führte ihn in eine Höhle. Ihre Wände waren aus purem Silber, der aufgestellte Tisch aus blankem Gold. Tausend Kerzen spendeten Licht und machten die Höhle taghell. Da erkannte der Wanderer die Männer mit den ehrwürdigen Gesichtern, die soeben dabei waren, ihre Vespermahlzeit einzunehmen.
Als sie den Fremden erblickten und dabei wohl auch ahnen mochten, daß er hungrig war, rückten sie ihm einen Platz frei, damit er sich setzen und zulangen konnte. Nachdem er gesättigt war und seinen Weg fortsetzen wollte, füll-

ten sie seinen Wandersack und brachten ihn auf den rechten Weg, der nach Böhmen führte. Als der Wanderer später in seinen Sack blickte, glaubte er seinen Augen nicht trauen zu können, denn er war angefüllt mit Edelsteinen.
Der Gewehrschuß, der sich soeben an den Felswänden brach, sollte der gar von Karl Stülpner herrühren, dem Wildschützen? Ihm hatte ja Gottvater an den Greifensteinen sein Jagdrevier zugeteilt. Sogar eine Höhle hatte er ihm zugedacht, nicht weit von den Greifensteinen entfernt, die „Stülpnerhöhle". Sie rührt von einem aufgelassenen Bergwerk her. Was macht's! Zum Unterschlupf bei bösem Wetter war sie allemal gut!
War's möglich! Droben auf halber Felshöhe steht tatsächlich der Mann, den sie den Stülpner-Karl heißen. Die Beschreibung paßt haargenau! Indessen marschiert unterhalb ein Trupp Soldaten auf, in roten Jacken und weißen Hosen, ihn zu fangen.
Weder Traum noch Halluzination! Der dort oben ist wirklich der Stülpner! Aber der echte ist es doch nicht, es ist der Theater-Stülpner! Hinter den Felskulissen hat er seinen Wagen stehen, einen chromblitzenden Mehrzylinder. In einer halben Stunde, wenn die Vorstellung vorüber ist, wird er mit ihm zurück nach Annaberg fahren, zum Stammhaus seines Theaters, das den Sommer über auf der Freilichtbühne gastiert. Morgen wird er dann wieder hier sein, dann als Old Firehand, Winnetou oder Shatterhand, wenn's um den „Schatz im Silbersee" geht.
Erstmals wagte es im Jahre 1846 eine fahrende Schauspieltruppe, in dem aufgelassenen Steinbruch dieses wildromantischen Geländes ein Theaterstück aufzuführen. Seit 1931 gibt es hier eine feste Bühne und darauf jeden Sommer Theatervorstellungen. 3000 können dabei zuschauen, so groß ist die freie Fläche. Daß unter den Stücken die über Karl Stülpner den Vorzug haben, gehört zur guten Tradition.
Wer auf der Fahrstraße, die Jahnsbach mit Geyer verbindet, entlangmarschiert, kommt am Greifenbachstauweiher vorüber. Der Name ist ein Zungenbrecher. Früher hieß er schlicht und einfach „Großer Teich". Vielleicht klingt „Stauweiher" für den Tourismus eben doch anziehender, als schlechthin „Teich". Dieser angestaute See ist über 500 Jahre alt und wurde bis in jüngste Zeit bergbaulich genutzt. Und da es sich um Brauchwasser handelt, bietet die 23 Hektar große Wasserfläche ein Paradies den Wassersportlern. Zeltstädte umrahmen den See, Bungalowsiedlungen.
Über den „Röhrgraben" gelangt das Wasser bis hin zu den Bergwerksanlagen in Ehrenfriedersdorf. Er ist einer der ältesten bergmännischen Kunstgräben, die es in Deutschland gibt. Dicht bei ihm führt ein Wanderweg das malerische Tal entlang. Der Graben ist eine Meisterleistung der Vermessungstechnik des 14. Jahrhunderts. Und es ist nicht selten, daß Wanderer verharren, weil sie meinen, das Wasser fließe bergaufwärts. Das ist natürlich eine

Der Freijäger Karl Stülpner (1762–1841)
(Nach einer zeitgenössischen Darstellung)

Täuschung. Der Graben ist mit minimalem Gefälle angelegt, daß eben das Wasser gerade noch fließt. Und das über 6 Kilometer lang.
Geyer, das Städtchen, stand von der Aussichtsplattform der Greifensteine im Blickfeld. Nun sind seine Häuser ganz nahe, überragt werden sie vom Wachtturm und dem der St. Laurentiuskirche.
Als man Zinnerz am Geyersberg fand, Silber- und Kupfererz am Greifenbach, kam es am Anfang des 14. Jahrhunderts zur Gründung einer Siedlung. Und der Bergbau blieb über die Zeiten hinweg der wichtige Broterwerb für die Bewohner. Ungeachtet aller Vorsichtsmaßregeln höhlte man die Erde so sehr aus, daß sie 1704 zusammenbrach und neunundneunzig Jahre später ein zweites Mal. Durch das niedergebrochene Grubenfeld entstand eine Binge. Sie ist heute 70 Meter tief, 200 Meter lang und 160 Meter breit. Steht man an ihren Rändern, glaubt man eine Kraterlandschaft vor sich zu haben. An dem in der Mitte stehengebliebenen Knauer lassen sich die Mundlöcher, Stollen und Wölbungen der alten Grubenbaue erkennen.
In Geyer lebte Hieronymus Lotter, der Mann, dem der Bau der Augustusburg anvertraut worden war. Der Lotterhof am Geyersberg war das Wohnhaus, das der Baumeister gekauft und umgebaut hatte.
Der 28 Meter hohe Glockenturm der St. Laurentiuskirche wurde früher auch als Wehranlage verwendet. Die Schießscharten sind noch zu erkennen. Unmittelbar daneben steht der Wachtturm, 42 Meter hoch. Beide zusammen ergeben heute das Wahrzeichen der Stadt. Anfangs hatte der Wachtturm überhaupt keine Tür. Wer in sein Inneres wollte, konnte das nur über eine Strickleiter.
Wenn man schon einmal in Geyer ist, sollte man sich die Zeit nehmen, dem Wachtturm einen Besuch abzustatten. Um ins Gebäude zu gelangen, bedarf es nicht mehr der Strickleiter. Eine ganz normale Tür führt hinein. Drinnen breiten sich die Schätze eines Heimatmuseums aus. Unter anderem ist eine bewegliche Schauanlage zu sehen, die über bergmännische Arbeiten unter Tage informiert.
Übrigens, auf dem Friedhof befindet sich die Grabstätte eines Evan Evan (1765–1844) aus Llangellidt in Nordwales (England). Bevor er ins Erzgebirge kam, war er Spinnmeister in Manchester. 1802 kam er nach Chemnitz, wurde der Lehrmeister der sächsischen Spinner und zum Erfinder der Spindelschleifmaschine. Er lebte in Geyer von 1812 bis zu seinem Tode im Jahre 1844.
Bis hinüber zur Nachbarstadt Ehrenfriedersdorf sind es nur wenige Kilometer. Gegründet wurde diese Siedlung, als man um 1240 bedeutende Zinnerzvorkommen entdeckte. Nachdem aus den Bächen die Zinngraupen herausgewaschen waren, durchsuchte man die Hänge nach anstehendem Erz. Bereits 1350 bauten Bergleute den Röhrgraben, um Wasser vom alten Dammteich für den Bergbau zu erhalten.

Ein zusammengebrochenes Bergwerk – die Geyersche Binge

Die Stadt Ehrenfriedersdorf wurde weithin durch ein wundersames Ereignis bekannt. Bei einem Grubenunglück im Jahre 1508 wurde der Bergmann Oswald Barthel von den herniederbrechenden Massen derart verschüttet, daß er auch nicht tot geborgen werden konnte. Als man 60 Jahre später die Grube aufwältigte, brachte man, körperlich unversehrt, dessen Leichnam zu Tage.
Um dieses Geschehnis ranken sich vielerlei Sagen. Bekanntgeworden ist es unter der Bezeichnung „Die Lange Schicht von Ehrenfriedersdorf". Sie war in jedem Schullesebuch zu finden. Gern wird sie neben die Sagen über „Das Bergwerk von Falun" gestellt, die E.T.A. Hoffmann und Johann Peter Hebel künstlerisch gestalteten.
Ehrenfriedersdorf hat auch noch eine andere Rarität. Durch das Erwähnen der Sage um die Lange Schicht wird sie häufig übersehen. In der alten Wehrkirche befindet sich ein Schnitzaltar aus der Zeit zwischen 1507 und 1509, den der Meister H. W. (Hans Witten) geschaffen hat. Bekannt wurde er durch seine „Schöne Tür" der St. Annenkirche zu Annaberg und durch die Freiberger „Tulpenkanzel".
Vier Wächter hüten den heiligen Schrein: die Apostel Andreas und Bartholomäus, Bischof Martin und der Bergleute liebster Heiliger, Sankt Wolfgang. Der Küster öffnet den Schrein: In einem Kapellengemach sitzt der Heiland an der Rückseite der bescheidenen Abendmahltafel. Johannes ist in den Armen des Herrn entschlummert. Die anderen Jünger sind beim Essen. Es sind harte, knorrige Männer, die da sitzen. Man meint, sie müßten erzgebirgische Bergleute sein, Bauern aus der Kammregion. Das zweite Bild zeigt Christus kniend am Ölberg, indessen Judas seinen Herrn verrät durch einen Kuß.
Dann wandelt sich der Schrein. Das kostbarste an ihm wird sichtbar. Im Mittelteil wird Maria gekrönt. Ihr zur Seite steht die schlanke Katharina und Nikolaus, der Schutzheilige der Fischer. Im inneren Flügel lächelt Barbara dem Betrachter entgegen. Ihr gegenüber verharrt Erasmus. Im feinen baldachinartigen Gesprenge ist die Kreuzigung dargestellt, die Handwaschung Pilati und Ecce homo, in der Predella die Auferstehungsgeschichte.
Thum ist die dritte der Bergstädte im Greifensteingebiet, einstmals an der alten Handelsstraße gelegen, die Chemnitz mit Böhmen verband und über den Preßnitzer Paß führte. Gegründet wurde der Ort im letzten Viertel des 12. Jahrhunderts. Jedoch schon um 1300 stieß man auf Erze. Bald waren aus den Bauern Bergleute geworden. Die Erträge an Zinn-, Blei- und Silbererzen mögen angängig gewesen sein. Denn 1600 erhielt der Ort den Status einer Bergstadt.
In Thum fand man erstmals den Halbedelstein Axinit, ein glasglänzendes Mineral, durchsichtig oder durchscheinend, braun, grau, blau, gelb oder grünlich. Besonders schön sind solche Stücke, die sich in den Klüften des kristal-

linen Schiefers bildeten. Nach seinem Fundort wird das Mineral auch Thumit genannt.
Aus der ursprünglichen bäuerlichen Siedlungsanlage wurde allmählich eine städtische, nach den Vorbildern anderer Bergorte, mit rechtwinkelig aufeinandertreffenden Straßen.
Nahe der Stadt Thum, das sei noch vermerkt, fand am 15. Januar 1648 das letzte Gefecht des Dreißigjährigen Krieges auf sächsischem Boden statt.
Seit langem ist der Bergbau in und um Thum eingegangen. Geblieben sind alte bergmännische Traditionen. Dazu zählt auch die Thumer Bergbrüderschaft, ursprünglich, vor mehr als 375 Jahren, als eine Art Schutzgemeinschaft der Bergleute gegründet, dient sie heute vor allem der Pflege alter Berggebräuche. Zu den großen Bergaufzügen, die es immer wieder im Gebirge gibt, fehlen sie nie, die Thumer Bergbrüder in ihren historisch überlieferten Trachten. Mögen sich auch sonst die beiden Nachbarstädte Geyer und Ehrenfriedersdorf hervortun. Bei den Bergbrüderschaften steht ihnen Thum nicht nach.

Holzschleppen an der Morgenleithe

Augustusburg & Co.

Wenigstens drei Dutzend Burgen und Schlösser verstreuen sich über das Erzgebirge. Sie liegen auf Höhen, Felsen, an Hänge gequetscht, im Häusergewirr der Städte. Ein „Burgenland" ist deshalb das Erzgebirge nicht. Und Attraktionen, wie Neuschwanstein oder die Wartburg, sind nicht darunter.
Die meisten dieser festen Häuser gingen aus Verteidigungsanlagen hervor. Sie waren Grenzposten oder Wächter an Paßstraßen, die über den Gebirgskamm hinweg Sachsen mit Böhmen verbanden und des ritterlichen Schutzes bedurften. Unverkennbar ist ihr ursprünglicher Zweck.
Jede dieser Anlagen hat ihre Geschichte und wurde durch das Schicksal gekennzeichnet. Da gibt es welche, die verfielen, als sie ihren Aufgaben nicht mehr dienlich waren. Lediglich ihr Name blieb haften: Isenburg, Greifensteine. Andere fristen als Ruine ihr Dasein: Breitenbrunn, Rechenberg, Frauenstein, Rabenau, Lauterstein. Wieder andere wurden Herrensitze oder fanden gemeinnützige Verwendung. Aus ihren Gemächern, die einst schwere Schritte der Ritter und Knappen durchmaßen, wurden Amtsstuben, Wohnungen: Zschopau, Wolkenstein, Scharfenstein oder Ansammlungen von Raritäten, Museen, wie Stein, Schwarzenberg, Kriebstein, Altschönfels.
Über allen thront, im mittleren Erzgebirge liegend, die stolze, erhabene Augustusburg. Auf einem Porphyrkegel, im spitzen Winkel zwischen den Wasserläufen Flöha und Zschopau, gleicht sie einer riesigen Krone, dem Schellenberg aufsitzend.
Der Rundblick reicht 20 Kilometer weit. Schon der Name des Berges weist auf diese exponierte Lage hin. Denn früher verstand man unter „Schallen" nicht nur weithin hören, auch weithin sehen können. Dies führte im 12. Jahrhundert dazu, daß Herren, die aus Thüringen kamen, auf der Höhe ein festes Haus errichteten, die Burg Schellenberg. Von ihr aus konnten sie rasch gefährdete Flußübergänge der Paßstraßen sichern und besetzen.
Die Markgrafen von Meißen, interessiert an diesem Gebiet, nutzten Streitigkeiten zwischen dem Kloster Altzella und den Herren von Schellenberg dazu aus, sie beim Kaiser wegen Friedensbruch anzuklagen. Das führte 1323 zu ihrer Ächtung und Vertreibung von ihrem Stammsitz. So gelangte 1324 die Herrschaft über das Reichslehen und das Haus auf dem Schellenberg in den Besitz der Wettiner, und die machten daraus einen Stützpunkt ihrer Macht. 1528 brannte die Burg nieder und 1547 ein zweites Mal, noch bevor sie wieder richtig aufgebaut war, durch „Donner- und Hagelwetter" (Blitzschlag).
Als der sächsische Kurfürst August I. einen Sieg über seinen thüringischen Vetter Wilhelm von Grumbach davongetragen und dessen Burg Grimmenstein in Gotha eingenommen hatte, ließ er, besessen von Ruhmessucht, dieserhalb eine Münze prägen. Mehr noch: Er beschloß, als Siegesdenkmal auf dem Schellenberg ein Lust- und Jagdschloß errichten zu lassen. Ganz auf

Schloß Scharfenstein – Felsennest über dem Zschopautal

der Höhe sollte es liegen und weithin sichtbar sein. Merkwürdig bleibt, daß fast hundert Jahre später die zerstörte Burg Grimmenstein durch ein Schloß ersetzt wird, der Augustusburg ähnlich.
Hierzulande baute man feste Häuser lieber an Hänge oder in die Täler, auf Plätze, von denen man die Zufahrtswege beherrschen kann. Höhenburgen gab es lediglich in Franken, Hessen, im Rheinland. Ungeachtet der erschwerlichen Auffahrt entschied sich der Kurfürst für die Höhe und blieb dabei.
Durch geschicktes Verhandeln und lockende Zusagen gelang es ihm, Hieronymus Lotter, ehemals Bürgermeister und Handelsherr zu Leipzig, für den Entwurf und die Leitung des Baus zu gewinnen. Lotter hatte sein Ansehen als Baumeister begründet mit der Erneuerung der Pleißenburg, dem Bau des Leipziger Alten Rathauses, der Alten Waage und dem Schloß Freudenstein in Freiberg. Nahezu siebzigjährig, lebte er zurückgezogen in Geyer, wo er Anteile an Zinnbergwerken besaß. Hier wollte er seinen Lebensabend verbringen. Widerwillig übernahm er von dem despotisch herrschenden, ihm als jähzornig, knauserig und bauwütig bekannten Kurfürsten den Auftrag. Ihm zur Seite gesellte sich der niederländische Architekt Erhard van der Meer.

Nach Befragen des Astrologen ließ Kurfürst August I. am 30. März 1568, kurz vor 12 Uhr, den Grundstein zu seinem Schloß legen.
Von nun an arbeiteten täglich mehr als 1000 Menschen an seiner Verwirklichung, unter ihnen viele aus fremden Ländern herbeigebrachte Fronarbeiter. Die Reste der alten Burganlage mußten beseitigt werden. Auf unzähligen Gespannen wurden die schweren Baumaterialien weither und dann die steile Anhöhe hinaufgelästert. Über ein Jahr Zeit war erforderlich, den Unterbau zu fügen, der das schwere Mauerwerk tragen mußte.
Den quadratischen Hof begrenzten vier turmgeschmückte Eckhäuser. Später sollen sie ein wenig verspielte Namen erhalten: Linden-, Sommer-, Hasen- und Küchenhaus. Und indessen der Bau voranschritt, wurde immer wieder an den Plänen geändert. Mit der herkömmlichen Schloßgestaltung des 16. Jahrhunderts hatten sie nichts gemein. Der Bau wuchs breit, weit, stämmig empor, kantig und geradlinig, ohne Rundtürme, Wendeltreppen, Zinnengemäuer, Erker und Wandelgänge, ohne das traulich Gewinkel gotischer Burganlagen. Er sollte ganz die Verkörperung des Lebenssinnes seiner Zeit werden.
Die Kosten stiegen unablässig. Längst waren die kurfürstlichen Kassen erschöpft. Vier Jahre lang schlug sich Lotter mit den unzufriedenen Bauleuten herum, die schlecht, oft gar nicht entlohnt, nur widerwillig arbeiteten. 15000 Gulden hatte er in den Bau gesteckt, nur um seinen Fortgang nicht zu gefährden. Hatte er die Arbeiter einigermaßen besänftigt, fehlte es an Kalk, Sand, Steinen. Hinzu kam ein Übermaß an Ungeduld des immer mißtrauischen Kurfürsten. Das zermürbte den alten Mann. Und kam er mit seinem Bauherrn zusammen, stieß er auf dessen Streitsucht und Despotismus.
Der Höhepunkt war erreicht, als ihn der Kurfürst zu Neujahr 1572, kurz vor der Fertigstellung des Bauwerkes, mit Schimpf und Schande davonjagte. Lotter bekam die zugeschossenen 15000 Gulden nie wieder zurück. Unter dem Grafen Rochus von Lynar, einem zweifelhaften Weltmann, wurde der Bau zu Ende gebracht und im Januar 1572 eingeweiht. Das galt allerdings nur den Gebäuden. Denn für den Prunk und die Innenausstattung waren noch gut und gerne weitere drei Jahre nötig.
Fünfzig Jahre lang war das Schloß Augustusburg das vornehmste Jagdschloß des sächsischen Kurfürsten. In ihm fanden Bälle statt, Jagdgesellschaften und große Empfänge. Den aus Wien kommenden Kaiser führte der Kurfürst durch die 180 Gemächer und ließ sich von ihm loben. Als jedoch während des Dreißigjährigen Krieges Kroaten das Schloß geplündert hatten, verlor es beim Dresdner Hof an Glanz und Ansehen. Im 18. Jahrhundert wandt sich dessen Zuneigung den repräsentativen Jagdschlössern Hubertusburg und Moritzburg zu.
Als man dadurch Augustusburg ganz aus dem Auge verlor, wurden aus dem Schloß Wohn- und Verwaltungsgebäude, Lazarett und Gefängnis. Und weil

Einen Rundblick von 20 Kilometern hat der Besucher der Augustusburg

keiner Mittel für seine Erhaltung aufbrachte, begann der allmähliche Verfall. An den Abhängen der Burg entwickelte sich in der zweiten Hälfte des 12. Jahrhunderts eine unregelmäßige Siedlung, Wohnstatt für Handwerker und Ackerbauern. Gäbe es nicht die Stadtkirche, die schlank ihren Turm emporreckt, hätte man den Eindruck, das Städtchen Augustusburg müßte den Schloßbau auf den Schultern tragen. Auf Heisten stehen seine Häuser, das sind böschungsartige Geländestufen oder Mauern mit Freitreppen und kleinen Gärten dahinter. Mächtige Buchen bewachsen den Hang hinauf zum Schloß.

Der Aufstieg von der Stadt zur Höhe ist steil. Man steigt, verweilt, und steigt wieder. Kein Wunder, daß ehemals Kapellen und Wallfahrtskirchen auf Bergkuppen gesetzt wurden. Für die Pilger sollte der Weg zu ihnen anstrengend sein, das Verweilen der Andacht dienen.

Das bescheidene Haus, rechts am Weg liegend, mit Formen der deutschen Renaissance, ist der Lotterhof, gefügt aus geschenktem Abbruchmaterial der alten Burg. Es diente dem Baumeister während der Bauzeit als Wohnsitz.

Die Höhe ist erreicht. Das Torhaus stellt sich in den Weg, gewissermaßen dem Schloß vorausgeschickt. Durch den Torbogen ist das Nordtor zu sehen, der Haupteingang der Augustusburg.

Links vom Portal liegt das Lindenhaus, benannt nach der Schloßlinde. Sie soll 1421 unter Friedrich dem Streitbaren gepflanzt worden sein. Ihr seltsam sich verzweigendes Astwerk gab Anlaß zu der Sage, man habe den Baum verkehrt herum gepflanzt, mit den Ästen in den Boden. Die Linde gehört zu den Patriarchen unter den deutschen Bäumen. Bei der Hofhaltung bewohnte die kurfürstliche Familie das Lindenhaus. Von seinem Turm aus hat man den schönsten der Augustusburger Rundblicke.

Rechts vom Portal befindet sich das Sommerhaus. Es ist jenes der vier Eckhäuser, das seiner kühlen Lage wegen in der heißen Jahreszeit benutzt wurde. Beiden Gebäuden, Linden- und Sommerhaus, vorgelagert ist der Bärengarten. In diesem Zwinger wurden bis 1757 zum Vergnügen der Fürstlichkeiten Bären gehalten.

Zwischen Sommerhaus und Fürstensaal liegt in den unteren Räumen ein Kerker. In ihm saß Sabina Apitsch, eine Wirtstochter aus Lunzenau, 1715 gefangen. In Männerkleidung gehüllt, hatte sie sich für den Kurprinzen Friedrich August ausgegeben und auf dem Schloß einige Wochen lang gelebt und Feste feiern lassen, bis die Kunde nach Dresden kam, wo man wußte, daß sich der Kurprinz in Wien befand. Der Kurfürst, es war August der Starke, befahl, daß Sabina Apitsch bis ans Lebensende Männerkleider zu tragen habe. Gestorben ist sie 1748. Und es heißt: Ihre Stiefel, die sie trug, seien 1813 von den Russen aus dem Amtsarchiv zu Augustusburg geraubt worden.

Als schönster Teil des Schlosses gilt das Hasenhaus. Es wurde vom Hofmaler Heinrich Gödings, in derbem Humor gehalten, mit Fresken versehen. Sie

deuten auf die Jagdleidenschaft des Bauherren hin. Dargestellt ist die Verkleidung des menschlichen Lebens in tierischem Gewand. Tüchtigen Restauratoren gelang es, sie wenigstens teilweise ins frische Leben zurückzurufen.
Eine Kostbarkeit ist das Wappentor an der Südseite des Schloßhofes mit dem Glockenturm darüber. Die in die Gebäude der Ostseite des Schlosses eingefügte Christuskapelle zeigt stark italienische Einflüsse. In einem prächtig aufgebauten Rahmen ist das Altarbild eingefügt. Kurfürst August I. hat sich mit seiner Familie von Lukas Cranach d. J. darstellen lassen. Beim Gekreuzigten, jedoch zum Beschauer blickend, kniet betend die Familie des Stifters. Einer der beiden im Hintergrund dargestellten Berge trägt die verschwundene Schellenburg.
Hinter dem Südportal liegt der Stallhof mit dem Brunnenhaus. Es überdacht den 170 Meter tiefen Schloßbrunnen, den Lebensnerv der Anlage. Sieben Jahre lang gruben und meißelten sich die Bauleute in die Tiefe. Diese Arbeit mußten durchweg Bauern verrichten, die sich des feldverwüstenden Wildes erwehrten und ihre Strafe wegen Wilddieberei abzubüßen hatten. Als Meisterleistung heimischer Zimmerer gilt das im Haus befindliche Göpelwerk. Das Obergeschoß des Hasenhauses wird durch das „Museum für Jagdtierkunde des Erzgebirges“ genutzt. Es will dem Besucher einen Überblick vermitteln über das im Erzgebirge vorkommende Haar- und Federwild. Das 1961 im Küchenhaus eingerichtete „Zweitakt-Motorrad-Museum“ ermöglicht einen Streifzug durch die Kraftfahrzeugentwicklung. In einem an der Westseite des Stallhofes liegenden Gebäude ist eine ansehenswerte Kutschensammlung untergebracht.
Auf dem Rundweg um das Schloß muß man sich Zeit lassen. Von hier aus liegt einem weites Land zu Füßen, und es bedarf wohl einer guten Karte, all das zu bestimmen, bei Namen zu nennen, was sich dem trunkenen Auge darbietet. Dieser Ausblick gehört dazu, wenn man Augustusburg in aller Fülle erfassen will.

Marienberg ist Annabergs Tochterstadt

Wer von Chemnitz aus die B 174 in Richtung des Grenzüberganges Reitzenhain befährt, erreicht nach einer halben Autostunde in 588 Meter Höhenlage die Kreisstadt Marienberg. Die auf verhältnismäßig geradem Wege der Stadt entgegenstrebende Straße muß plötzlich einen Haken nach rechts schlagen, um einem altehrwürdigen Bauwerk auszuweichen, dem Zschopauer Tor. Dieser Torturm mit einem Rest der Stadtumfassungsmauer gilt als bedeutendste erhaltene städtische Befestigungsanlage des Erzgebirges. Die Straße quetscht sich rechts am großen Marktplatz vorüber und hat bald die Häuser der Gebirgsstadt hinter sich.

Marienberg liegt auf dem rückenförmigen Ausläufer einer Hochfläche. Sie ist die jüngste unter den bedeutenden Bergstädten des Erzgebirges. Und da sie nach Annaberg entstand und beim Bau viele Erfahrungen dabei übernommen wurden, wird sie gerne als deren Tochterstadt bezeichnet.

Als die Silberausbringung in Schneeberg und Annaberg im Abklingen war, ließ Herzog Heinrich von Sachsen, dem im Jahre 1505 die Ämter Freiberg und Wolkenstein zugefallen waren, im mittleren Teil des Gebirges planmäßig nach Erzen schürfen. Dabei gelang es dem Bergmann Clemens Schiffel, nahe dem Waldhufendorf Wüstenschletta Silbererze aufzuspüren. Mit der fündigen Grube „St. Fabian Sebastian“ begann im Jahre 1519 ein neuer Abschnitt in der Geschichte des sächsischen Erzabbaus.

Sogleich ging ein neues „Bergkgeschrey“ durch die Lande und weckte vieler Bergleute Hoffnung. Die zogen in Scharen heran. Die meisten kamen aus den alten sächsischen und böhmischen Bergorten, aus dem Harz, ja sogar aus Ungarn. Der Landesherr achtete darauf, daß sich nur Leute mit gutem Leumund niederließen.

In einem alten Bergreihen heißt es:

> „Mancher Mann hat verlassen
> sein Handwerk und desgleich.
> Liefen auf allen Straßen
> zu sehen das Bergwerk reich,
> kam'n auf Marienberg mit Schalle
> mancher fremde Mann ...“

In notdürftigen Hütten untergebracht hausten die Bergleute. Der Herzog versprach sich bergbaulichen Gewinn, deshalb war er bemüht, die Lebensverhältnisse der Bergleute rasch zu verbessern. Am 27. April 1521 stellte er die Gründungsurkunde zum Bau einer Bergstadt aus. Entstehen sollte sie auf dem Grund und Boden des Waldhufendorfes Wüstenschletta, einem kurfürstlichen Amtsdorf. Es bestand seit Jahrhunderten und war 1323 erstmals als „Slyten“ in den Urkunden erwähnt worden, 1481 dann als „Wüste Schletta“.

Der Wolkensteiner Amtmann Rudolf von Bünau und der Freiberger Arzt und Gelehrte Ulrich Rülein von Calw erhielten den Auftrag, einen Bebauungsplan zu entwerfen. Sogleich machten sie sich an die Arbeit. Noch bevor das Jahr 1521 zu Ende ging, steckten sie den 1,77 Hektar großen Marktplatz ab, das Herzstück der neuen Siedlung. Die Ecken wurden auf die vier Himmelsrichtungen eingestellt. Lediglich die vierte Ecke fehlte, bedingt durch die Geländegegebenheiten.
Von ihm aus zog sich schachbrettartig das Netz der Straßen. Mit weiteren Querstraßen entstanden so die Rechtecke, vorgesehen für die Bebauung. Und weil sich keiner so recht vorstellen konnte, wie das einmal werden solle, mußte ein Bauer seine Ochsen vor den Pflug spannen, um die Grenzen der Hofstätten zu markieren. Nachdem der Grund und Boden verteilt war, begann ein emsiges Bauen. Ein Jahr später, 1522, standen bereits 200 Häuser an den gitterförmig angelegten Straßen. Und schon jetzt war zu erkennen: Die neue Siedlung wird die regelmäßigste unter den erzgebirgischen sein.
Der ertragreiche Bergbau glänzte wie ein Stern am erzgebirgischen Bergbauhimmel. Und er zog die Bergbauwilligen heran, wie jener von Bethlehem die drei Weisen. Vor dem Ort lag ein Grubenfeld neben dem anderen.
Zunächst hieß die Neugründung Schletta, wie das Dorf, aus der sie hervorging. Erstmals ist die Rede von „St. Marienbergk" in einem Antwortschreiben von Herzog Georg, das er am 5. März 1523 an die Knappschaft der neuen Siedlung schickte. 1523 ist das Jahr, in dem der Ort Stadtprivilegien erhält, wie Bergfreiheit, Polizeigewalt, Marktrecht und die Niedergerichtsbarkeit.
Kaum 16 Jahre nach der Ortsgründung, im Jahre 1537, war die Stadt zu eng geworden. Neuen Siedlern mußte man einen Platz zuweisen in der Vorstadt vor dem Zschopauer Tor. 1550 zählte Marienberg 4000 Einwohner und war eine der größten Städte Kursachsens.
Neben dem gewinnträchtigen Bergbau wirkte sich ein anderer Umstand auf die Entwicklung der Bergstadt aus. Auf dem Marienberger Marktplatz schnitt sich die Ostweststraße Wolkenstein–Olbernhau mit der Nordsüdstraße Chemnitz–Reitzenhainer Paß–Prag. Durch die Stadtgründung zog sich der Verkehr vom alten Verlauf der böhmischen Straße über Lauenstein–Zöblitz fort und berührte Marienberg. Das brachte Handel in die Stadt, Verdienstmöglichkeiten für Gespannhalter und Quartierleute. Dies veranlaßte den Herrn von Berbisdorf auf Lauenstein dazu, 1533 seinen Protest zu erheben, der freilich keinen Nutzen brachte.
1539 war ein eigenes Bergamt notwendig geworden. Und wenige Jahre danach entschloß man sich zum Bau einer Umfassungsmauer. 1541 begann man, eine 2 Meter dicke Mauer um den Stadtkern zu ziehen. In sie fügte man 4 runde Wehr- und Magazintürme an den Ecken ein und 5 Tore und Tortürme. Eine gleichartige Stadtmauer konnte keine andere erzgebirgische Bergstadt aufweisen.

Das Marienberger Rathausportal stammt aus der frühesten Renaissance

Das Schicksal der Stadtbefestigung gleicht sich landesweit. Als die Marienberger Stadtmauer funktionslos geworden war, verfiel sie zunehmend. In der Stadtentwicklung erwies sie sich als Hemmnis. So kam es dazu, daß man sie ab 1830 planmäßig abtrug und die dabei gewonnenen Steine zum Häuserbau verwendete. Als nur noch Reste vorhanden waren, entsann man sich des Wertes dieser Anlage und rettete die Fragmente vor der weiteren Vernichtung.

Solch ein Rest ist das Zschopauer Tor mit einem Stück Stadtmauer und einer von den Ecktürmen, der Rote Turm. Im Zschopauer Torturm gibt es seit 1966, auf drei Etagen untergebracht, eine „Erzgebirgische Heimatschau". In den Räumen dieser alten Verteidigungsanlage sind heimatkundliche Exponate zu sehen, Schnitz- und Bastelarbeiten, unter ihnen starre und bewegliche Heimatberge. Viel beachtet und inzwischen zum Zeitdokument geworden, ist das Modell vom Bau der Talsperre in Sosa. Von der vierten Etage des Turmes hat man einen schönen Rundblick über die Stadt und die Bergbaulandschaft der Umgebung.

Der ursprüngliche Standort der Postdistanzsäule aus dem Jahre 1727 war nördlich des Zschopauer Torturmes. Heute steht sie unmittelbar davor. Wer sich die Mühe macht, kann auf den beiden Seiten mit Beschriftung 22 Orts- und Entfernungsangaben entziffern.

Marienbergs Rathaus, das den oberen Abschluß des Marktplatzes bildet, entstand von 1537 bis 1541 unter Leitung des Stadtmaurermeisters Nickel Hofmann. Der breite, von einem Turm überragte Bau hat ein Portal aus der frühesten Renaissance. Das dicht dabeistehende Jagdschloß wurde in seiner ursprünglichen Form verändert. Das heutige Aussehen erhielt es 1782.

1771 wurde der Marktplatz mit 80 Linden umpflanzt. Das Denkmal Heinrichs des Frommen, das an der Oberkante des Platzes steht, soll an die Einführung der Reformation erinnern, die durch ihn 1537 in die Ämter Wolkenstein und Freiberg kam.

Anfangs hatte die Siedlung lediglich eine Holzkirche. Als sie zu klein geworden war und die Stadt einer repräsentativen Kirche bedurfte, machte sich eine Kommission auf, im Lande Umschau nach einem Vorbild zu suchen. Die Stadtkirche von Pirna kam den Marienberger Vorstellungen am nächsten. So erhielt der Erbauer der Pirnaer Kirche, der auch durch seine Portale landweit bekannt war, Wolf Blechschmidt, den Auftrag, die Marienberger Stadtkirche zu bauen. Der Bau dauerte von 1558 bis 1564. Als die 56 Meter lange Hallenkirche fertig war, glich sie eher einem Dom als einem Gotteshaus für eine Bergstadt. 1610 wurde es durch Feuer zerstört. Ein Jahr später begann man, die alten Grundmauern nutzend, mit dem Wiederaufbau. Die Gewölbe des Gebäudes ruhen auf 10 starken freistehenden Rundpfeilern. Geschickt fügte man das alte Portal von 1560 in den Neubau. Die Kirche verfügt über zahlreiche wertvolle Steinmetzarbeiten. St. Marien zählt heute zu den schönsten Kirchenbauten Sachsens.

In einer der Nebenstraßen zum Marktplatz befindet sich Marienbergs Vorzeigestück, das „Lindenhäusel". Es ist ein mit einem einfachen rundbogigen Sitznischenportal ausgestattetes Bergmannshaus aus dem 16. Jahrhundert.

Mitte des 16. Jahrhunderts erreichte der Marienberger Bergbau seinen Höhepunkt. Die Einwohnerzahl überschritt die 11 000. Vor allem die technischen Schwierigkeiten nahmen so zu, daß die Ausbringung im 17. und 18. Jahrhundert immer mehr zurückging. Ende des 18. Jahrhunderts kam es zu einer gewissen Belebung. Zu dieser Zeit wirkte Heinrich von Trebra als Bergmeister in Marienberg. Von hier aus wurde er nach Weimar beordert, um mit anderen Bergleuten ein Gutachten zu fertigen über die Rentabilität des Ilmenauer Bergbaus. Aus seiner dabei geschlossenen Bekanntschaft mit Goethe sollte eine Freundschaft werden, die ein Leben lang anhielt. Um 1904 regte sich nochmals Marienbergs Bergbau. Aber auch diesmal war er wieder nur von kurzer Dauer, wie dann auch nochmals zwischen 1946 und 1955.

Unter den Bewohnern von Marienberg lebt der Bergbau nur noch in Erinnerung. Heute haben sich verschiedene Industriezweige angesiedelt. Unter den Produkten, die in Marienberg gefertigt werden, fehlen nicht die Holzerzeugnisse, die den Kreis, mit seinen Orten wie Seiffen oder Olbernhau, weltbekannt machten.

Seiffener Drechselspäne

Seiffen ist der Hauptort der erzgebirgischen Holzdrechsler. Schwerlich ist in dem Ort ein Haus zu finden, in dem nicht wenigstens eine Drechselbank surrt, im Hausflur, auf dem Treppenabsatz, trotz peinlicher Sauberkeit, ein paar Drechselspäne liegen, herausgefallen beim Ziehen des Taschentuches oder aus den Nähten des Arbeitskittels.

In Seiffens Häusern riecht es nach frischer Farbe. Leichtes Vibrieren ist zu verspüren, verursacht von der Drechselbank im Erdgeschoß. Wäre es nicht so, fühlten sich die Hausbewohner nicht wohl. Denn das gehört zum Leben wie Luft und Wasser. Vor und hinter den Häusern lagern unterschiedlich gestapelt die Hölzer, Kanteln geheißen, und harren der Bearbeitung.

Gerne erzält man sich von Seiffen eine kleine Geschichte: Ein Fremder, der in den Ort gekommen war, fragte einen Jungen: „Sag einmal, in Seiffen haben sie wohl nur Holzdrechsler?" Da antwortete der Junge: „Dos is net richtig. Do habn se aah noch enn Bürgermaaster!"

Tatsächlich, 80 % der Bewohner des Ortes sind mit der Herstellung von Holzerzeugnissen beschäftigt, die anderen in der Gastronomie und im Fremdenverkehr, denn Seiffen ist Kurort. Wenn auch immer von der Spielzeugherstellung geredet wird, so sind unter den Seiffener Produkten auch viele andere Erzeugnisse als Spielwaren: Pyramiden, Figuren, Gebrauchsgegenstände.

Aus dem Namen des Ortes läßt sich unschwer erkennen, daß er aus dem Bergbau hervorging. In die Gegend des Schwartenberges kamen um 1200, unter dem Einfluß der Zisterziensermönche aus Ossek, böhmische Siedler herzu. 1324 wurde erstmals in einer Urkunde czynnsyffen genannt. Im Talgrund hatten sich meißnische Bergleute niedergelassen, um aus dem Verwitterungsschutt des Seiffenbaches Zinnkörner auszuwaschen.

Da diese Erträge immer geringer wurden, trieben sie Stollen und Schächte in die Abhänge. Zeugen dieses alten Bergbaus sind noch heute im Weichbild des Ortes zu finden: Halden, Schürfe, die „Binge" und „Geyerln".

Obwohl auch dieser Bergbau wenig ertragreich war, hielt er sich zwischen dem 15. und 17. Jahrhundert. Die letzte Seiffener Grube wurde 1849 geschlossen. Bevölkerungszuwachs bekam der Ort nach dem Dreißigjährigen Krieg, als sich Glaubensvertriebene aus Böhmen hier niederließen.

Weder der spärliche Erzabbau noch die nebenher betriebene Landwirtschaft reichten zur Sicherung des Lebensunterhaltes. Die Naturverbundenheit der bergbautreibenden Häusler entwickelte bei ihnen vielseitige handwerkliche Fertigkeiten. So begannen sie aus Holz allerlei Gebrauchsgegenstände herzustellen. Der nahe Wald bot sich als Werkstoffquelle geradezu an.

Zunächst hatten die Männer einen Doppelberuf, einen für den Sommer, einen für den Winter. Sie waren Bergleute und Drechsler, Waldarbeiter, Bau-

Einem Drechsler bei der Arbeit auf die Hände geschaut

ern, Handwerker mit einer Drechselbank im Haus. Dies war ein einfaches Gerät, angetrieben durch eine Fußwippe, ähnlich einer Nähmaschine. Auf ihr stellten sie Büchsen, Spindeln, Knöpfe und Teller her. So wurde die Arbeit an der Drechselbank zum Hauptberuf. Den ehemaligen Bergleuten kam ihre Kunstfertigkeit zugute, die sie sich beim Bau, bei der Benutzung und Wartung bergbaulicher Maschinen und Geräte erworben hatten. Das zeigte sich vor allem, als sie begannen, Kinderspielzeug herzustellen, das sie durch Scheiben und Kurbeln beweglich machten. Und so ist wohl auch jener Bergreihen zu verstehen, in dem es heißt:

„So alt, wie altes Berggeschrei,
ist auch die Männelmacherei."

Zwischen 1668 und 1673 arbeiten in Seiffen 23 und etwa hundert Jahre später an die 100 Holzdrechsler. Sie kamen 1699 erstmals nach Leipzig, um ihre Waren auf der Messe anzubieten. Im 18. Jahrhundert waren sie dann auf allen deutschen Messen und den meisten Märkten vertreten. Häufiger führten sie nun in ihrem Sortiment „Spiel- und Puppenwerk", aber auch gedrechselte Pfeifen, Trompeten, später auch Kegel und Holzpuppen. Vor allem aber brachten sie ihre Waren nach Nürnberg. Dort war der große Umschlagplatz für oberbayrische, Tiroler- und Nürnberger Spielwaren. Im „Handbuch für Reisende durch die Sächsische Lande" aus dem Jahre 1796 heißt es: „Gegenwärtig werden hier viele hölzerne Spielwaren gefertigt, die man bis nach Ost- und Westindien versendet."

Zu Anfang des 19. Jahrhunderts machten die Seiffener Drechsler eine wunderbare Erfindung. Gepaart aus dem ständigen Suchen nach neuen Herstellungstechniken und ihrem handwerklichen Können entwickelten sie das Reifendrehen, das heute noch in der Welt einmalig ist.

Obwohl es genügend Bestrebungen dafür gab, die Seiffener Erzeugnisse fabrikmäßig herzustellen, bewahrten sich die Drechsler die alte Tradition der Hausindustrie. Die meisten blieben den herkömmlichen Sortimenten und überlieferten Formen und Motiven treu. Sicher war für die Formgebung von Nutzen, als sich im 19. Jahrhundert ein „Zeichenlehrer" in Seiffen niederließ, der den Nachwuchs ausbildete und die Mustergestaltung beeinflußte. Aus seiner Arbeit wurde später eine Fachgewerbeschule. Eine zweite entstand in Grünhainichen. Vor allem ihre Leiter, Alwin Seiffert und Max Schanz, halfen mit ihren Ideen, den Formenreichtum der Seiffener Spielzeugherstellung zu erweitern. Dazu gehört auch Grete Wendt, die von Grünhainichen aus mit ihren Blumenkindern und Engelskapellen Weltgeltung erlangte.

Versuche, neue Themenkreise für die Holzdrechselei zu erschließen, müssen als Bemühen um Weiterentwicklung und Bereicherung verstanden werden. Es liegt in der Natur der Sache, daß sich dabei auch Fehlentwicklungen einstellten.

Seit 1953 gibt es in Seiffen ein Spielzeugmuseum, seit 1959 eine Schauwerkstatt und in letzter Zeit entwickelte sich ein Freilichtmuseum. In diesen Einrichtungen wird dem Besucher ein Überblick vermittelt über die Geschichte der Seiffener Spielzeugherstellung, ihre Techniken, über die Wohn- und Arbeitsbedingungen der Spielzeugmacher und über die heutige Produktion.

Erste Kinderspielzeuge wurden wahrscheinlich für die eigene Familie hergestellt. Man wollte ein „Bornkinnel", ein Weihnachtsgeschenk, den Kindern machen. Erst danach kam es zur eigentlichen serienmäßigen Produktion. Im wesentlichen waren es einfache gedrechselte Figuren, Würfel, Walzen,

Kugeln und daraus unterschiedliche Verbindungen. Oft verwendete man dazu die Abfallstücke, wie Abschnitte von Rohlingen, Reste, die beim Drechseln anfielen. Einfache, sparsame Bemalung deutet das vom Hersteller Gewollte an. Oftmals fügte man Federn hinzu, Papier-, Pappe-, Stoff-, Leder-, Blech- oder Drahtreste.
Die alleinige Grundform beim Langholzdrechseln ist die Walze. Sie wird damit, das ist herstellungsmäßig bedingt, zur Ausgangsform der erzgebirgischen Holzspielwaren. Fügt der Drechsler nach einem Viertel einer längsbemessenen Walze eine Hohlkehle ein, so entsteht der Halseinschnitt. Und rundet er mit dem Meißel den kürzeren Teil dieser Figur zu einer Kugel, wird daraus die einfache Docke. Sie ist nichts anderes, als die Verbindung von Walze und Kugel.
Diese Docke läßt sich unterschiedlich gestalten. So entsteht zum Beispiel aus der Kugel oft gleich die hut- oder kappenartige Kopfbedeckung. Durch eine zweite, weniger tiefe Einkerbung in der Körpermitte formt sich die Taille. Der sich dadurch nach unten bildende Kegelstumpf dient als Darstellung des bis zum Boden reichenden Frauenrocks. Die verhältnismäßig große Grundfläche gibt der Figur die nötige Standfestigkeit. Durch einen kräftigen Einstich unterhalb der Taille werden die konisch zulaufenden Hosenbeine ausgeformt. Gewöhnlich bestehen die Beine aus einem Stück. Jedoch werden

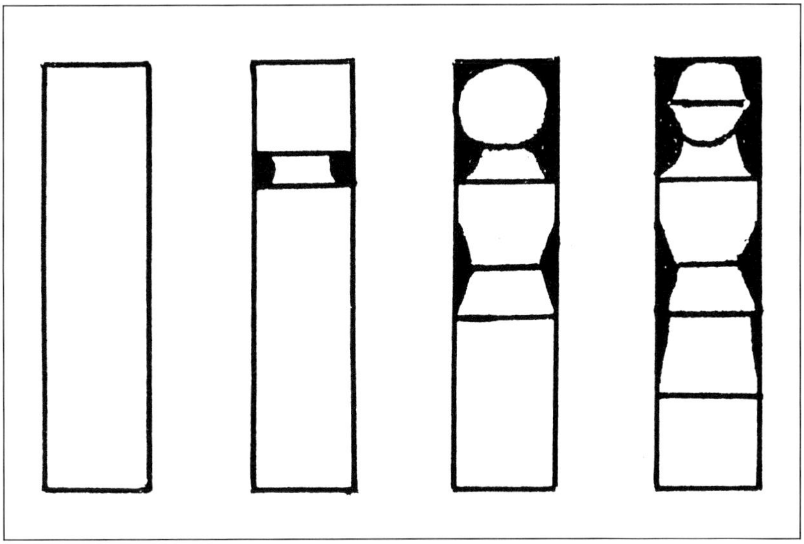

Schematische Darstellung des Werdegangs an der Drechselbank vom Rohling zur Docke

sie auch angefügt, dabei nicht mehr als Säule, sondern als Paar. Durch Anschrägen der Ansatzfläche wird die Achse des Körpers gebrochen und die Figur verliert ihre Starrheit.
Die seitlich angeleimten Arme können entweder aus Spanholz gefertigt sein oder gedrechselt. In diesem Falle werden sie gerne in der Längsachse gebrochen. Noch im vorigen Jahrhundert war es üblich, die Arme aus einer speziellen Tonmasse herzustellen. Um den Hosenfiguren die erforderliche Standfestigkeit zu geben, erhalten sie meist ein kreisrundes Bodenbrettchen.
Den Kinderspielfiguren wird gerne Beiwerk zugefügt. Das sind Geräte, Werkzeuge, Tiere, Waffen. Damit soll der Beruf oder die Verrichtung der Figur verdeutlicht werden. Das erfolgt auch durch Trachten oder Uniformen. Erforderlich ist dies deswegen, weil die Drechseltechnik aus dem faserigen Fichtenholz kaum Ausformungen des Details zuläßt.
Beliebt unter den Seiffener Figuren sind die aus dem Handwerk und der Jagd. Strammstehende Soldaten kommen durch ihre starre Haltung der Drechseltechnik entgegen. Bauern werden in der Regel gemeinsam mit ihrem Vieh dargestellt, Bäuerinnen mit dem Butterfaß. Für die Gestaltung bäuerlicher Themen werden die benötigten Tiere durch das Reifendrehen hergestellt. Diese Technik wird die „Krone der Seiffener Drechselkunst" genannt.
Aus feuchtem Querholz starker Fichtenrohlinge werden Reifen herausgedreht, die das Profil eines entsprechenden Spielzeugtieres haben. Das erfordert vom Drechsler Erfahrung und hohes handwerkliches Können, denn er kann das Profil nicht sehen. Er muß sich dabei ganz auf sein Vorstellungsvermögen und auf den Tastsinn seiner Finger verlassen. Der Reifen wird von zwei Seiten gedreht. Zuerst wird die Unterseite bearbeitet mit den Beinen, danach das Oberteil mit der Rückenlinie.
Spaltet man den so entstandenen Reifen scheibenweise auf, erhält man 50 bis 60 Reifentiere, die aussehen, als seien sie aus einem Brett gesägt. Mit einem scharfen Messer werden sie beschnitzt, daß am Ende eine auf vier Beinen stehende Tierfigur entsteht. Buntbemalt gelangen diese Spielzeugtiere als „Pfennigvieh" auf den Markt, des geringen Preises wegen so geheißen.
Nahezu alle großen Tierarten, die es in einem Zoologischen Garten gibt, werden von den Reifendrehern hergestellt: Pferde, Kühe, Kamele, Esel, Schafe, Ziegen, Löwen, Rehe. Mit einem Zaun ergänzt, lassen sie Paradies- oder Tiergärten zusammenstellen, mit einem Stall Bauernhöfe, mit einem Floß Archen.
Der Mundartdichter Max Wenzel schrieb um 1930 den Seiffener Kindern ein Gedicht, das mit folgenden Zeilen beginnt und Einblick gibt in die kleine Welt der Reifendreher:

„Voter, dreh Reifen! De Gunge un Alten
lauern schu drauf un wolln dir'sche spalten.
Schaafle und Pfaarle, 's Schock sechs Pfeng,

Holz un Farb möcht sei e Meng,
alles muß darb inenanner greifen:
Voter, dreh Reifen!"

Studenten wollten einen alten Seiffener Reifendreher foppen und fragten: „Sagen sie einmal, verehrter Meister, machen Sie das Viehzeug alles aus dem Kopf?" Da antwortete der Drechsler: „Sist schu. När dohierde bei die Kameler net. Do hatt ich soot Vürbilder!"

Zu den bekannten Seiffener Erzeugnissen gehören auch die größeren Figuren Engel und Bergmann, Räuchermänner und Nußknacker. Außer der Schmuckfunktion haben sie auch noch einen praktischen Zweck. Engel und

Schnitt durch die Drechselfigur eines Räuchermannes

Bergmann sind weihnachtliche Lichtträger. Räuchermänner dienen zum Abbrennen der Weihrauchkerzen. Nußknacker sind dazu verurteilt, Schwerarbeit zu leisten, Wal- und Haselnüsse zu knacken.
Von der Drechselzunft gilt: Nicht jeder macht jedes! Im Verlauf der Zeit haben sich Familientraditionen herausgebildet. Wilhelm Füchtner in Oberseiffenbach und sein Anhang hat sich auf Nußknacker spezialisiert. Wer von der Familie Ehnert in Heidelberg spricht, nennt sie nur die „Soldaten-Ehnert". Die Müller-Gustel, Karl Müller und Louis Hiemann wurden durch ihre poesievollen Kleinfiguren bekannt. Von Paul Hermann Ulbrich kommen die Reifentiere. Andere spezialisierten sich auf Pyramiden, Spielzeugpferde, Spanbäume, Puppenhäuser oder Spanschachteln.
Vielfältiges Spielzeug gibt es zum Fahren: Steckenpferde, Tiere und Windmühlen auf Rädern, Unruhen, Reckturner. Hierher gehören auch Aufstehmännchen, Kletteraffen, kurbelbetriebene Reitschulen, Guck- und Klimperkästen.
Wollte man unter den fahrbaren Tieren eine Rangordnung aufstellen, hätten Pferde, vor allem Pferdegespanne, die sich vor einen Wagen spannen lassen, den Vorzug. Die Wagen selbst, Tafel-, Leiter-, Planen- oder Truhenwagen, beladen mit Fässern, Kantholz oder zum Beladen gemacht, sind seit jeher ein beliebtes Spielzeug vor allem der ländlichen Jugend. Zur Vollständigkeit gehört dazu noch ein Pferdestall.
Ob wohl jene ahnten, die, der Not der Zeit gehorchend, vom Bergwerk auf die Holzdrechselei umsattelten, daß sie damit zu den Begründern einer Volkskunst wurden? Denn wenn das Erzgebirge in der Welt bekannt wurde, dann nicht zuletzt auch durch die Seiffener Drechselerzeugnisse.

Abstecher nach Frauenstein und Brand-Erbisdorf

20 Kilometer südostwärts von Freiberg liegt das Städtchen Frauenstein. Die alte Burg, an die es sich schmiegt, ist nur noch als Ruine erhalten. Sie ist die größte, und wenn es so etwas gibt, auch eine der schönsten Ruinen im Lande. Etwas unterhalb von ihr steht das von H. Irmscher von 1585 bis 1588 unter Heinrich von Schönberg erbaute Schloß. Beides, Burgruine und Schloß, überragen die Stadt und geben ihr eine unverwechselbare Silhouette.

Beide Häuser brannten 1728 bei einem Stadtbrand nieder. Nachdem die Stadt aufgebaut war, sollte das Schloß folgen. 1783 war der Bau vollendet, nun schöner als zuvor. Das Schicksal war ihm jedoch nicht hold, denn nach runden 30 Jahren, 1814, wurde es erneut ein Opfer der Flammen. Der nun hochgeführte Bau blieb im wesentlichen bis heute erhalten.

Aus diesem ehemaligen Herrensitz ist ein Kinderferienheim geworden, und in einigen Räumen wurde das Frauensteiner Heimatmuseum eingerichtet. Zu den Zeugen der Heimatgeschichte zählt auch eine kleine Sammlung von Plastiken aus den Kirchen der Umgebung. Eine Sonderschau macht mit dem Leben und Werk des Orgelbauers Gottfried Silbermann bekannt.

Der berühmteste Bürger dieser Gegend wurde 1683 im benachbarten Kleinbobritzsch geboren. Orgeln, die er baute, zählen zu den Kulturschätzen im Lande, wie die der Katholischen Hofkirche in Dresden, die von Freiberg, Zittau, Greiz, Reinhardtsgrimma oder Nassau. 45 dieser Orgelwerke sind bekannt. 14 von ihnen wurden durch Feuer oder Krieg vernichtet oder wurden abgerissen. Silbermann baute auch den ersten deutschen Hammerflügel.

Im Städtchen Frauenstein verbrachte er seine Kindheit, nachdem die Eltern hierher in die Hayngasse gezogen waren. Von hier aus ging er zu seinem Bruder Andreas, der sich in Straßburg als Orgelbaumeister niedergelassen hatte. Nach einer gründlichen Ausbildung kehrte der nun siebenundzwanzigjährige Gottfried Silbermann in seine Heimat zurück. Er ließ sich in Frauenstein nieder, übersiedelte aber dann ins größere Freiberg. Hier schuf er mit wenigen Gehilfen nahezu alle seine Orgeln. Während er an der großen Orgel für die Hofkirche in Dresden baute, ereilte ihn der Tod. Er starb am 4. August 1753 in der Elbestadt.

Alle Silbermann-Orgeln stehen unter Denkmalschutz. Museumsgut im herkömmlichen Sinne sind sie nicht, denn auf allen wird noch musiziert. Konzerte, in denen auf Silbermann-Orgeln gespielt wird, gehören zu auserlesenen Kunsterlebnissen.

Aus den Umrissen der Ruine kann man sich kaum die ursprüngliche Burg vorstellen. Die beiden wuchtigen Türme, „dicker Märten“ und „Lärmstange“ vom Volksmund genannt, markieren die nördliche und südliche Begrenzung.

Das Schloß, dahinter die Burg Frauenstein – die größte und auch schönste Ruine des Landes

Dazwischen lassen sich die Reste des Palas und ein kleiner Hof mit Zisterne erkennen, Mauern und Schießscharten und sechs der ehemaligen sieben Mauertürme.
Frauenstein ist eine der ältesten Grenzburgen des Gebirges. Die frühesten Urkunden über sie stammen aus dem Jahre 1272. Über die Zeiten hinweg gab es alle möglichen Besitzer. So von 1350 bis 1426 herrschten hier die Burggrafen von Meißen, und von 1328 bis 1438 erhielt Frauenstein der Burggraf Heinrich von Plauen als Meißener Lehen. Und da er böhmische Besatzung zum Nachteil des Kurfürsten hereinnahm, stürmten dessen Truppen Stadt und Burg und nahmen sie ein.
1475 verkauften die beiden Herrscher Ernst und Albrecht Burg, Amt und Stadt an das Geschlecht der Schönberger. Sie herrschten nun unangefochten bis 1647 auf Frauenstein. Danach gingen die Besitzungen in die Hände des sächsischen Herrscherhauses über.
Von der Burgruine aus hat man einen schönen Fernblick. Und wenn klares Wetter besteht, liegt einem ein ganzes Land zu Füßen. Greifbar nahe Kuppen und Berge zwischen Gimlitz, Freiberger Mulde und dem Bobritzschtal. In der Ferne ist der Keilberg zu sehen, daneben der Fichtelberg, die beiden höchsten Berge des Erzgebirges. Weit in der Ferne ist der Colmberg bei Oschatz. Gespeist von der Wilden Weißeritz blinkt die Wasserfläche der Talsperre Lehnmühle auf. Weiter talwärts wird der Bach ein zweites Mal gestaut, dort durch die Talsperre Klingenberg.
Auch Stolpen ist zu erkennen. Hier brachte die Gräfin Cosel, jene Frau, die sächsische Legende und Geschichte machte, die meiste Zeit ihres Lebens als Gefangene des sächsischen Kurfürsten zu. Moritzburg ist erkennbar, das große Lust- und Jagdschloß der Dresdner Hofgesellschaft. Weniger weit entfernt sind die Greifensteine zu sehen, inmitten des Jagdreviers des grünen Rebellen Karl Stülpner. Die Augustusburg wirkt wie ein Steinklotz in der Ferne, die Ecktürme wie Zinnen lassen die Ausmaße der wuchtigen Anlage ahnen.
Um nach Brand-Erbisdorf zu gelangen, kommt man am „Weißen Stein“ vorbei nach Dittersdorf und, an der Gimlitz bleibend, in das Tal der Freiberger Mulde. Hinter dem Bahnhof Lichtenberg wird das Tal weitflächig. Hier mündet die Gimlitz in die Freiberger Mulde.
Über Berthelsdorf, eine alte Bergmannssiedlung, gelangt man nach wenigen Kilometern zum Städtchen Brand-Erbisdorf. Bäuerliche Kolonisten wurden zwischen 1185 und 1209 in dieser Gegend seßhaft und gründeten Erbisdorf. So belegen es die Urkunden. Aus einem dieser Schriftstücke geht hervor, daß die Ansiedlung 1209 unter dem Abt Matthias in den Besitz des damals mächtigen Klosters Altzella bei Nossen kam. Frühzeitig zog der Bergbau in die Gemarkung ein. Das sich südlich von Freiberg ausbreitende Bergbaugebiet reichte bis Zug, Langenau und umschloß Erbisdorf von allen Seiten.

„Uffn Brand“, einem etwa 30 Hektar großen Stück Rodeland, siedelten sich Eigenlehner an, Willige, die auf eigene Faust Bergbau betrieben. Das Gebiet lag auf einem kleinen Höhenzug vor dem Goldbachtal. Die Bergleute mit ihren Familien brachten es 1515 innerhalb der Gemarkung Erbisdorf zu einer eigenständigen Gemeinde mit beschränkten Marktrechten, zum Bergort Brand. Erst 1834 wurde aus dem Flecken eine Stadtgemeinde, und 1912 kam es zur Vereinigung mit Erbisdorf.
Waren die bergbaulichen Erträge auch nicht überschwänglich, so reichten sie doch, vielen Bergleuten das Brot zu sichern. Im 16. Jahrhundert gab es in und um Brand über 200 Grubenbetriebe. Das waren freilich keine Unternehmungen im heutigen Sinne. Oftmals wurden sie von einer Familie unterhalten oder von einigen wenigen, die sich zusammentaten. Nur durch größere Zusammenschlüsse zu Gewerken und durch Inanspruchnahme von Kuxe, eine Art Aktien, wurde es möglich, tiefer anzufahren und die Ausbeute zu sichern.
Eines der größten Hindernisse für den Erzbergbau war das eindringende Wasser. So mußten oft aufwendige Wasserkünste oder -abführungen errichtet werden, um den Förderbetrieb aufrecht erhalten zu können. Hierzu zählen Anlagen wie der Brandstollen oder der berühmte Rothschönberger Stollen, der 270 Meter tief liegt und zu den technischen Meisterleistungen des alten Bergbaus zählt.
Während des vorigen Jahrhunderts gingen die bergbaulichen Erträge empfindlich zurück. Hinzu kam, daß importierte Erze wesentlich billiger waren als die aus dem eigenen Bergbau. Im Jahre 1913, noch bevor der Erste Weltkrieg ausbrach, schlossen die Brand-Erbisdorfer Erzbergwerke für immer.
Kluge Köpfe wußten das in den Kunstgräben herangeführte und nun übrige Wasser sinnvoll für die Erzeugung von Elektrizität zu nutzen, so zum Beispiel im Konstantin- und im Drei-Brüder-Schacht. In 122 Meter und dann in 273 Meter Tiefe wurden mit den bergbaulichen Wassern Turbinen betrieben.
Weit und breit sind die Spuren des alten Bergbaus anzutreffen: verwitterte und verwachsene Halden und Schürfe, verwahrte Stollenmundlöcher, Bingen und Häuser der Bergleute, eingeschossig, mit holzverkleideten Giebeln und einem Gärtchen in der Nähe.
Wir betreten eines dieser Häuschen. Der mit Schieferplatten ausgelegte Hausflur mochte früher auch als Waschküche gedient haben. Dicht beim Hinterausgang steht noch der gemauerte Waschkessel. Eine braun-weiß gestreifte Katze huscht uns durch die Beine und flüchtet in den Vorgarten. Die Bewohner, zwei alte Leute, gut und gerne über die fünfundsiebzig, bitten uns in die Stube. Im graphitschwarzen Ofen brennt ein Feuerchen, dabei stehen die Fensterflügel weit offen.
Das Gespräch, das wir führen, geht um den Bergbau. Die Frau öffnet eine einfache braune Holztruhe und bringt ein schwarzes Berghabit hervor, eine

Die große Silbermannorgel im Freiberger Dom
(Nach einer historischen Darstellung)

verblichene grüne Grubenmütze und das an ein Koppel genähte Bergleder. Behutsam streicht sie über das alte zerschlissene Tuch. „Das hat Vater neununddreißig Jahre lang zum Bergaufzug getragen ..." Stolz oder wohl eher Ehrfurcht sprechen aus ihren Worten. „Ja, unser Vater war Bergmann ..." Auch auf der Fahrt in Richtung Freiberg ist es nicht zu übersehen: Das Gesicht dieser Landschaft und ihrer Traditionen hat der Bergbau geprägt ...

Goldene Pforte – nicht zum Anklopfen

Freiberg hat drei Besonderheiten:
Wer von Freiberg spricht, denkt sogleich an das sächsische Bergwesen. Hier nahm es seinen Anfang. Hier besaß es über die Jahrhunderte hinweg sein Oberbergamt, um Sachsens bergbauliche Regungen zu dirigieren.
Und wer an den Anfang des Bergbaus denkt, dem fällt gewiß die Sage ein, die davon erzählt. Da heißt es nämlich: In Harzburg lebte zur Zeit Kaiser Heinrichs ein Berghauptmann. Der hatte ein wunderschönes Weib, das der Kaiser zu seinem Willen zwang, als ihr Mann einmal abwesend war.
Als der Berghauptmann wieder nach Hause kam und seine Frau ihm ihr bitteres Leid klagte, ging er in seinem Zorne nach Goslar, wo der Kaiser residierte, und forderte ihn zum Zweikampf heraus. Der Kaiser aber jagte ihn schimpflich fort.
Da kehrte der doppelt Beleidigte nach Hause zurück, forderte die ihm untergebenen Bergleute auf, mit ihm diese Gegend zu verlassen, und zog mit ihnen nach Sachsen, wo sie in Freiberg die ersten Bergwerke gründeten.
Ist vom Oberbergamt die Rede, leuchten ruhmvolle Namen auf. Viele von ihnen machten sich als Wirtschaftspioniere des Landes verdient: Freiherr von Heinitz, der die Bergakademie gründete, Goethes Freund, der Montanist Heinrich von Trebra oder der leuchtendste von ihnen, die glänzendste Gestalt, Wolfgang Freiherr von Herder, der Sohn des Weimarer Dichters, Goethes Patenkind, der dem verblühenden sächsischen Bergwesen nochmals Impulse zu geben vermochte.
Wer von Freiberg spricht, denkt an die älteste montanwissenschaftliche Schule der Welt, an die Bergakademie. Heute ist sie die einzige vergleichbare Einrichtung, in der theoretische und praktische Ausbildung einherlaufen. Der ehemalige Schacht „Reiche Zeche“ ist das Lehrbergwerk für die Hochschule.
Die Akademie hatte berühmte Lehrer und Forscher. „Vater der Geologie“ wird Abraham Gottlob Werner genannt, der dieses Fach in Freiberg zur Wissenschaft erhob. An der Akademie wirkte Friedrich August Breithaupt, ein bedeutender Mineralsystematiker. Ferdinand Reich und Theodor Richter entdeckten hier das Element Indium. Unter den Studenten waren Theodor Körner und Friedrich Freiherr von Hardenberg (Novalis), der in seinem Roman „Heinrich von Ofterdingen“ dem Freiberger Bergwesen und seinem verehrten Lehrer Werner ein Denkmal setzte. Selbst Goethe hatte vor, in Anerkennung der großen Freiberger Leistungen seinen Sohn August hierher zum Studium zu schicken.
Wer von Freiberg spricht, denkt aber auch an den Dom mit der Goldenen Pforte, der Tulpen- und Bergmannskanzel und an die Silbermannorgel, eine

der fünf berühmtesten der Welt. Der Dom mit seinen Kostbarkeiten ist unter Kunstkennern bekannt, die seinetwegen von weither anreisen.
Freiberg hat drei andere Besonderheiten. Wer von der Bergstadt spricht, wird vielleicht gar nichts davon wissen: In Freiberg entdeckte Clemens Winkler das letzte der 92 chemischen Elemente, das Germanium. Er konnte damit das von Mendelejew aufgestellte Periodensystem bestätigen.
Nicht ganz so glanzvoll mögen die Erinnerungen sein, die Carl Maria von Weber an Freiberg hatte, denn hier erlebte er eine bittere Niederlage. Seine Erstlingsoper „Das stille Waldmädchen", um 1800 am Stadttheater angesetzt, fiel mit Pauken und Trompeten durch.
Und eine dritte Besonderheit sei hier genannt: Freiberg war die erste Stadt Europas, in der im Jahre 1815 die Straßen durch Gaslicht erhellt wurden.
In der Altstadt quetschen sich die Häuser aneinander. Jedes will seinen Platz innerhalb des Ringes behaupten. Dabei sind die Stadtmauern schon lange verschwunden. Und wo von ihnen noch Überreste sind, werden sie wie Kostbarkeiten gehütet. Lediglich der Marktplatz hat das Vorrecht, sich auszudeh-

Der Freiberger Dom
Stahlstich von J. C. Leypold und E. Beichling, 1847

nen, eine weite Fläche offen zu lassen. Das flankierende Rathaus wacht darüber, damit es so bleibt.
Wer sich in Sachsens Geschichte auskennt, wird vielleicht nach einem blauen Stein im Pflaster suchen, die Stelle kennzeichnend, an der im Sommer 1455 der Richtblock stand, auf dem Kunz von Kauffungen, seines Kidnappings der Prinzen Ernst und Albrecht wegen, der Kopf abgeschlagen wurde.
In der Altstadt gibt es viele enge Straßen und Gassen. Der ortsfremde Kraftfahrer tut gut, sein Fahrzeug am Stadtrand zu lassen und zu Fuß in die Stadt zu gehen. Viele der Fahr- und Gehwege werden von Häusern flankiert, die Würde, Erhabenheit ausstrahlen und die ihre Geschichte haben. Portale, Erker, Fassaden, kunstvoll gestaltet, lassen erkennen, daß sie von wohlhabenden Bürgern errichtet wurden.
Natürlich blieb Freiberg nicht in seiner Vergangenheit stecken. Abgesehen davon, daß man manches Haus der Altstadt restaurierte und sich hinter altehrwürdigen Fassaden moderne Wohnungen verbergen. Den neuen Häusern wurde die Peripherie zugewiesen. Sie stehen auf dem Wasser- und dem Seilerberg mit seinem „Unicent", kaum fünf Autominuten vom Stadtinneren entfernt. Man muß allerdings genau wissen, zu wem man will, denn ein Haus gleicht dem anderen und der Wohnblocks gibt es viele. Auch die Bergakademie hat sich neue Gebäude zugelegt, zum Glück nicht nur „Einheitsbauten".
Kernstück der Stadt ist der Dom. Er war es, der in seiner Geisteshaltung Freiberg zu dem des Meißner Landes machte, was Bamberg für Mittelfranken war. Wenn dem Dom auch die hohen, alles überragenden Türme fehlen, die Türmchen und das auffällige Zierwerk an den Fassaden, seine Ausmaße, die Wucht seines Langhauses, sind ein Monument der Standfestigkeit des Glaubens an Gott. Und man sieht es ihm an: Der letzte Ansatz der Vollendung, an der Wende vom 15. zum 16. Jahrhundert, blieb auf halbem Wege stecken, seine Westfront unvollendet, und die vorgesehenen Türme wurden gar nicht erst begonnen.
Und es ist so, als hätte alle Sparsamkeit einzig und allein seinem Hauptportal gegollen, der Goldenen Pforte. Seinen Namen erhielt das Portal davon, weil es ursprünglich vergoldet und buntbemalt war.
Mit ihm wollten Freibergs Stadtbürger ein Wunderwerk haben, den in Stein gehauenen Lobgesang mater gloriosa! „Jungfrau, Mutter, Königin, Göttin, sei uns armen Menschen gnädig!"
Wie die Seiten eines Bilderbuches meißelten die Meister ein Präludium aus dem Sandstein, der alles verheißenden Seligkeit jenseits dieser Welt. Wenn uns auch ihre Schöpfer unbekannt sind. Wahrscheinlich kamen sie wie ihre Auftraggeber aus dem Vorland des Harzes. Sie waren weitgereist. Wie sehr spürt man aus ihrem Werk die anregenden Einflüsse, die sie durch das Studium französischer Kathedralen empfingen. Und auch das wissen wir: Sie waren großartige Steinmetzen und sie waren tiefgläubige Christen, die ganz

Maria mit dem Jesuskind – das Herzstück der berühmten Goldenen Pforte

in ihrem Glauben lebten und nur dadurch die Kraft und Fähigkeit besaßen, ihn in ihrem Werk zu offenbaren.
So wurde die Goldene Pforte eine Lobpreisung der Bildhauerkunst des 13. Jahrhunderts und zum Ausdruck der Lebenseinstellung einer fernen Zeit. Dem Werk war das Schicksal gnädig. Es überdauerte die Stadtbrände und die Brände des ehemals romanischen und gotischen Gotteshauses.
Klar ist die Form des achtgestuften Rundbogens. Dadurch erhält die Fülle bildnerischer und ornamentaler Details ihre maßvolle Ordnung. Unwillkürlich führt sie das Auge des Betrachters zum Mittelpunkt hin, zur Tür zum Inneren der Kirche.
Will man die Fülle der Figuren und Formen erfassen, bedarf es des Verweilens und Versenkens. Es bedarf der Kenntnisse der biblischen Geschichte und ihrer Gestalten. Verwirrend ist ihre Anzahl, verwirrend sind ihre Beziehungen zueinander, sind Gleichnisse und Symbole. Neben offen zutage tretenden, also deutbaren Allegorien gibt es auch solche, über die sich selbst Gelehrte uneins sind. Das gegenseitig Verbindende gibt dem Gesamtwerk eine einzigartige Geschlossenheit. Es wird zu einer Sinfonie mit zarten und leisen, aber auch lauten Tönen, mit Jubelstimmen und solchen in Moll.
Herzstück des Portals ist das Tympanon über der Kirchentür. Im Mittelteil dieses Halbbogens thront Maria mit dem Jesuskind auf dem Schoß. Hirten und Engel knien betend bei ihr. Und die heranschwebenden reichen ihnen Sonne und Mond entgegen. Indessen der Knabe mit der Weltkugel spielt, mahnt Josef in stiller Zurückgezogenheit zum Aufbruch.
Die acht Halbbögen darüber umschließen das Bild wie ein Firmament. Bei allem figürlichen und ornamentalen Reichtum bleibt Maria der Mittelpunkt. Die Chöre der Engel und der aus ihren Särgen Auferstandenen, sie alle fügen sich zusammen im großen Jubelchor, getragen von den Solisten, die beiderseits auf den Halbsäulen stehen. Links, über einem Löwenkopf herausgehoben, Daniel, der biblische Traumdeuter. Neben ihm die Königin von Saba, Salomo das Lamm mit dem Gewand schützend, Johannes der Täufer. Auf dem Gewände ihnen gegenüber, der Apostel Johannes, König David, die Harfe tragend, Bethseba in madonnenhafter Schönheit und der greise Aaron. Auf dem darüberliegenden Gesims sammeln sich die irdischen Chöre. Unter ihnen auch der Freiberger Mönch mit dem Fisch in der Hand. Die Auferstandenen drängen sich empor zum Hallelujaengel, der sie alle überschwebt, Einlaß begehrend in die himmlische Welt der Unsterblichkeit. Allen aber, die da singen, jubeln, beten, bleibt er unsichtbar: Gottvater.
Beim Betreten des Gotteshauses wird der Besucher von seiner Erhabenheit umfangen. Bald aber werden seine Blicke gefesselt von einem Meisterwerk einmaliger Schönheit, der Tulpenkanzel. Allgemein gilt sie als das reifste Werk des spätgotischen Bildhauers H. W. (Hans Witten) von Köln, das er zwischen 1508 und 1510 aus Chemnitzer Porphyrtuff herausmeißelte. Damit

Tulpen- und Bergmannschaukel sind nur zwei der Meisterwerke aus dem Freiberger Dom

schuf er den reichen Freiberger Stadtbürgern ihre eigene Repräsentation. Obwohl man das Werk seit dem 19. Jahrhundert Tulpenkanzel nennt, werden als ihr Vorbild auch andere Motive genannt, wie Aloe, Kelch, Brunnen und schließlich, der Sagenwelt des Bergmanns nachempfunden, will man in ihr auch einen „Schatzbaum“ sehen.
Mag es sein, wie es will. Die Kanzel wächst wie ein Sproß aus dem steinigen Boden heraus. Aus ihm bezieht er seine Kraft und Fülle. In dem in bürgerlicher Kleidung am Sproß sitzenden Mann will man Daniel erkennen, der in der Sage den Bergmann Knappe zu den Silbervorkommen führt.
Es gibt aber auch die Ansicht, man habe in der Figur die Nachbildung des Stifters der Kanzel vor sich, den Freiberger Arzt und Humanisten Ulrich Rülein von Calw. Andächtig, in sich versunken, sitzt er da, den Kopf leicht vom Kanzelkorb abgeneigt, als lausche er dem Predigttext. Umgeben wird er von Hund und Löwe. Engel umtanzen zwei Einschnürungen des Blattwerks am Sproß. Vielleicht verbildlichen sie seine Gedanken.
Ein Bergknappe, auf halber Höhe eines Baumstumpfes hockend, stützt mit seiner Schulter die Treppe, die zur Kanzel emporführt. So wird ein zweites Mal der Bezug hergestellt zur Sage vom Fündigwerden.
Aus dem Kelch, der von rankendem Blattwerk umschlossen ist, treten die Köpfe der Kirchenväter hervor: Bischof Augustus, Papst Gregorius, Erzbischof Ambrosius und Hieronymus.
Neben der Tulpenkanzel steht, an eine Säule gelehnt, ein Werk der Renaissance, die Bergmannskanzel. Gestiftet wurde sie 1638 von dem Bürgermeister Jonas Schönlebe und dessen Gattin aus Dankbarkeit dafür, daß er, als Geisel in Kriegsgefangenschaft geraten, gesund heimkehren durfte. Ein Steiger in Paradetracht trägt auf seinem Kopf den fülligen Kanzelkorb. Die Treppe wird von einem Bergmann in Arbeitskleidung gestützt. An der Treppenumwandung werden im Relief die Kreuzwegstationen von Jesus Christus dargestellt. Das den Kanzelkorb umschließende Relief zeigt die Kreuzigung und Grablegung. An der Stelle, an der es unterbrochen wird, treten zwei vollplastische Figuren hervor, den Gekreuzigten anbetend. Hier sind die beiden Stifter nachgestaltet.
Der Domaltar trägt eines der frühesten evangelischen Altargemälde, das 1560 vom Bergmeister Rohdte gestiftet wurde. Die Gemahlin des Herzogs Heinrich des Frommen stiftete 1531 den Taufstein des Domes.
Im Kirchenbau befindet sich die kurfürstliche Begräbniskapelle und eine aus der Entstehungszeit der Goldenen Pforte stammende Kreuzigungsgruppe.
Zu einer Kostbarkeit des Freiberger Doms gehört die Silbermannorgel, die der Meister von 1711 bis 1714 als sein erstes Werk schuf. Berühmt sind die Freiberger Domkonzerte. Sind sie angesagt, dann drängen sich auf den Bänken die andächtig Lauschenden.

Winter im Gebirge

Jagt der Wind über die abgeernteten Felder, riecht die Luft nach Kartoffelfeuer, dann lassen die Jungen die Drachen steigen. Es befällt die Leute im Gebirge eine eigenartige Unruhe. Bald wird Winter sein! Obwohl er viele Erschwernisse mit sich bringt, ist es so, als werde er dringend erwartet, wie ein lieber Besuch von weither.

Die Gespräche mit dem Briefträger, am Stammtisch, mit der Konsum-Frida, sie alle haben neuen Nährboden: Das Wetter, diesmal in Hinblick auf den Winter. Wetterregeln, vom Großvater übernommen, sollen auf die Sprünge helfen, wenn es um Vorhersagen geht. Der war Holzfäller, den ganzen Tag unter freiem Himmel, der wußte Bescheid: „Gräbt sich der Maulwurf tief ein, haben die Hasen einen dicken Pelz, gibt's einen harten Winter!" – „Fällt das Laub zeitig im Garten, ist ein schöner Winter zu erwarten." – „Warmer Herbst macht langen Winter!" Das sind ein paar seiner Sprüche, und noch hundert mehr gehören dazu. Und auch das entstammt seinen Weisheiten: „Hängen die Bäume voller Vogelbeeren, wird der Winter lange währen!" Trifft eine der Prognosen ein, heißt es: „Die Alten, die wußten schon Bescheid!" und wenn nicht, ist es auch nicht schlimm.

Der gewöhnliche Winter dauert in den höheren Gebirgslagen gut und gerne seine fünf Monate. Seit Jahrhunderten haben sich die Bewohner darauf eingestellt. Ihre Philosophie heißt: Man muß mit dem Winter leben können.

Auf ihren Häusern sitzen steile Satteldächer, damit sich auf ihnen der Schnee nicht halten kann. Um sich gegen Wind und Kälte zu schützen, beschlagen sie die Wetterseite mit Schindeln, Brettern oder Schieferplatten. Der Haustür setzen sie einen Windfang vor, das „Vorhaisel". Gern, bei bösem Wetter, von Liebespaaren aufgesucht.

Auch in den kleinen Dingen des Alltags haben sich die Gebirgsbewohner auf den Winter vorbereitet, das ganze Jahr über vorbereitet: Holz gesägt und gehackt. Das Schnurren der Kreissäge und Schlagen der Holzäxte, war über Sommer nicht seltener als Hundebellen oder Gänseschnattern. Bis unter das Dach sind die Schuppen voller Brennholz gestopft. Dabei blieb der Stoß an Meterholz noch hoch genug, um mit dem Schornstein wetteifern zu können. Einen „faulen Patron" heißt man denjenigen, der nicht wenigstens für drei Winter Vorrat an Feuerholz im Grundstück hat. Kunstwerken gleichen die Holzfeime, die manche um ein Quentelstängchen zu fügen wissen, kreisrund, sich oben verjüngend wie ein Zuckerhut oder Bienenkorb, mit einer Oberfläche, akkurat, als habe sie der Tischler glattgehobelt.

Der Keller ist voll Kohlen, die Kartoffeln in den Horden. Der Kaninchenstall ist der Kälte wegen mit Reisig umfüttert. Die Doppelfenster sind eingehängt, die Fensterbänke mit Moos ausgelegt und vor der Haustür liegt ein Bund frisches

Fichtenreisig, damit man sich die Schuhe abtreten kann, bevor man das Haus betritt.
Hängt der Himmel tief, als wolle er sich auf die Berge auflegen, heben die Leute die Nase, als müßten sie es gütlich erfassen, bevor sie sagen: „Es riecht schu nooch Schnee!" Das war vor hundert Jahren schon so und hat sich bis heute nicht geändert: Der erste Schneefall gehört zu den aufregendsten Ereignissen des Jahres.
Dann ist es soweit: Eines Morgens sieht alles wie neu gewaschen aus. Es hat geschneit! Die Kinder drücken an der Fensterscheibe die Nase platt und jubeln dem ersten Schnee entgegen. Längst stehen Rodelschlitten und Skier, im Gebirge „Schneeschuhe" geheißen, im Schuppen bereit, um rasch gegen Roller oder Fahrrad ausgetauscht werden zu können.
Aufgeregt springen sie hinaus, tollen sich im ersten Schnee, rutschen auf allen Vieren. Von Mauervorsprüngen schieben sie den Schnee zusammen, bewerfen sich oder formen Bälle daraus, die dann, wenn sie ihr Ziel erreichen, auseinanderklatschen.
Vom Ereignis nicht unbeeindruckt, jedoch bedenklicher, sehen die Erwachsenen den ersten Schnee vor der Haustür, auf dem Schuppendach, vorm Garagentor. Vogelfutter, Schneeschippe und Streugut werden zusammengesucht. Einen Steig zur Straße, zum Holzvorrat, Wäscheplatz freischippen und Platz an der Ausfahrt der Garage, das muß sogleich werden! Ist der Schnee einmal festgetreten, taut er so leicht nicht wieder fort.
Für viele verkündet der erste Schnee: Nun wird die Arbeit schwerer, härter, für die Holzfäller, Lastwagen- und Autobusfahrer, Bauern, für die Eisenbahner, Briefzusteller und Landärzte. Auch für diejenigen, die sich, von der Dorflage entfernt, ihr Haus weit hinaus an den Waldrand setzten. Nun fordert die sonst wohltuende Abgeschiedenheit ihren Preis!
Unter den Mundartliedern, die man im Gebirge kennt, gibt es gut und gerne das Mehrfache, die den Winter besingen, als die übrige Zeit im Jahr. Alle diese Lieder gewinnen dem Winter die angenehme Seite ab. In keinem von ihnen wird der Erschwernisse gedacht, die er mit sich bringt. „Ihr Leitle, freit eich alle! Saaht naus, wie's draußen Graipele schneit!", heißt es in einem der bekanntesten.
Vielleicht hängt das damit zusammen, daß nun die Zeit beginnt, in der man enger aneinanderrückt, und zueinander hutzen geht. Auf alle Fälle aber: Schnee und Frost sind Vorboten der schönsten Zeit des Jahres, der Weihnachtszeit. Zu hoch steht sie im Ansehen der Erzgebirger, als daß man sie durch Ungelegenheiten trübte.
Ob die Alten wohl recht haben, wenn sie davon sprechen, ja geradezu schwärmen, daß die Winter früher strenger waren, schneereicher und viel länger? Dieserhalb habe man das Erzgebirge auch „Sächsisches Sibirien" genannt. Und sie erzählen davon, daß sie mit einem an einen Ochsen ge-

Schlittenfahrt im Gebirge
(Darstellung aus dem 19. Jahrhundert)

spannten Reisigbüschel den Schnee zur Seite räumten. Aber auch davon wissen sie, daß der Schnee, tagelang gefallen, die Straßen und Wege verschüttete, daß keiner mehr aus dem Haus konnte und darin eingeschlossen blieb. Obwohl Tag, habe man die Lampe brennen müssen. Wie gut, daß genügend Vorräte im Keller und unterm Dach lagerten. Denn oft dauerte es zwei, drei Tage, bevor die Männer einen Gang zum Haus nebenan geschaufelt hatten. Und war man hinüber, oder traf sich auf halbem Wege, begrüßte man sich, als käme man von einer anderen Welt.
Manche Winter haben auch ihr Kälbchen an Länge ausgetrieben. 1486 war noch zu Cantate, also Mitte Mai, eine feste Schneebahn und 1554 lag zum Johannistag (21. Juni) das Gebirge tiefverschneit. Am 26. Mai 1705 betrug die Schneehöhe eine halbe Elle. Und wer Lust dazu hatte, konnte zu Pfingsten 1716 auf ausgezeichneter Bahn eine Rennschlittenpartie durch den Winterwald unternehmen. Lange Winter kennt man auch in jüngerer Zeit: Vom 9. bis 12. Mai 1953 lagen in mittlerer Gebirgshöhe 30 Zentimeter Neuschnee und auch am 20. Mai 1955 gab es eine geschlossene Schneedecke mit guten Wintersportbedingungen.
Für die draußen lebenden Tiere ist der Winter eine bittere Zeit. Die Strichvögel beleben das Futterhaus an der Schuppenwand. Wären nicht die Waldarbeiter unterwegs, die Wildfütterungen mit Heu, Kastanien und Rüben zu beschicken, müßte manches Stück Reh- oder Hochwild jämmerlich verenden. Die schlimmste Zeit ist für das Haarwild dann, wenn der Schnee eine Eislasur hat, scharf wie Glas. Sie macht die Läufe wund, daß sich die Tiere nicht mehr fortbewegen und erfrieren. Und wehe den Hasen, die nicht auf einer schneefreien Stelle Futter finden.
Nicht nur das Wild, der Wald selbst, muß schwere Tage im Winter überstehen, vor allem dann, wenn nasser Schnee fällt. Zentnerschwer bleibt er auf den Kronen der Nadelbäume. Die Stämme können die Last nicht mehr tragen, ihre Holzfasern reißen und so biegen sie sich krumm und sehen aus wie Sägebügel. Anderen bricht die Last die Wipfel ab. Und kommt gar noch Wind auf, wirft er die flachwurzelnden Bäume um.
Den Erzgebirgskindern wird nachgesagt, sie kämen mit Rodelschlitten und Schneeschuhen zur Welt. Vielleicht hängt das mit den Erfolgen zusammen, die Erzgebirger im Wintersport verbuchen, im Langlauf, Bob- und Schlittenfahren, im Skispringen und Eislauf.
Pfarrer Wild wußte schon 1809 von der Lust am Schlittenfahren im Erzgebirge zu berichten: „In großen Mengen versammeln sich Knaben und Mädchen mit ihren kleinen Schlitten auf der Höhe des Berges, wo nämlich ein wenig Bahn herabgeht, setzen sich auf, geben sich einen Schwung und fliegen schnell den Berg herab; aber sie können sehr geschickt ihren Schlitten mit den Füßen lenken ... Kälte und Schnee wird gar nicht geachtet, ohne Handschuhe, ja sogar barfüßig oft, ergötzt man sich durch das Ruscheln ...

Abends beim Mondenschein ruscheln auch die erwachsenen jungen Leute auf größeren Schlitten, Handschlitten genannt ..."
Daß man mit Schulranzen, Waschwannen, Autoreifen, selbst auf dem Hosenboden, den Berg hinabgleiten kann, ist keine Erfindung der Erzgebirgsjugend. Von Plutarch wissen wir, wie die Germanen in Italien eindrangen: „Sie bewältigten den tiefen Schnee und die Gletscher ... indem sie breite Schilde unterlegten und dann auf ihnen von den höchsten und steilsten Hängen herabglitten ..."
Das Rodeln hat noch heute für die Gebirgsjugend seinen Reiz. Auf der Dorfstraße, wie vor fünfzig, sechzig Jahren, geht's freilich nicht mehr. Da benutzten die Kinder den Rodelschlitten für den Schulweg. Zählte man die Schlitten vor dem Schulhaus, wußte man, wieviel Kinder zum Unterricht waren. Kamen die vom Oberdorf herangerodelt, hatten die vom Unterdorf die Schußfahrt vor sich, sobald der Unterricht zu Ende war. Dann lauerte schon der Dorfpolizist hinter einer Hausecke, Rodler abzufangen, ihre Schlitten einzuziehen und sie bis zum Frühjahr im Spritzenhaus zu verwahren. Denn Rodeln auf der Dorfstraße ist verboten, nur hat sich nie jemand daran gehalten.
Draußen auf den Wiesen, irgendwo, gibt's immer eine Rodelbahn, einen Berg, gut genug für eine Schußfahrt. Was kann man da alles für Schlitten sehen, chromblitzende und nostalgische. Die Kinder haben für die einzelnen Arten ihre Namen: Kaashitsch, Rumpel, Pöstel, Gelannerschlieten oder solche mit Hörnern. Es gibt Eigenkonstruktionen, lenkbare Schlitten, Zwitter zwischen Schlitten und Bob. Da jeder darauf schwört, das schnellste Gefährt zu besitzen, bleiben Wettkämpfe nicht aus. Und das nicht nur auf herkömmliche Art. Man bindet mehrere Schlitten zu einer Kette zusammen, versucht rücklings den Berg zu meistern oder flach auf dem Schlitten liegend. An die der Meisterschaften im Schlitten- und Bobsport in Oberwiesenthal oder Altenberg reichen diese Wettkämpfe gewiß noch nicht. Aber sagt man nicht: Früh krümmt sich, was ein Häkchen werden will?
Schon August der Starke ließ 1727 erste schlittensportliche Wettkämpfe austragen. Während des Besuchs des Preußenkönigs führte er ein „Damen-Paradeschlittenrennen" durch. Das war eine Schau prächtig verzierter und bemalter Schlitten. Wie überhaupt das Fahren mit pferdebespannten Rennschlitten zu den höchsten Vergnügen der Feudalgesellschaft gehörte. War kein Schnee vorhanden, ließ man die Wege mit Salz bestreuen und hatte auf diese Weise sein Vergnügen. Unbestreitbar: Auch heute noch hat die Rennschlittenfahrt durch den verschneiten Winterwald ihre Reize.
Ist der Rodelschlitten vorm Haus in den Schnee gestellt, kann man gewiß sein, dann sind die Kinder mit den Skiern unterwegs. Auf dem Hang hinterm Dorf kribbelt und krabbelt es. Einen Lift gibt's freilich nicht. Aber gerade das macht, nach erschwerlichem Aufstieg, die Schußfahrt zum besonderen Vergnügen. Sie ist der Lohn nach vollbrachter Mühe.

Längst haben die Jungen aus Schnee eine Sprungschanze gebaut. Die Sprungweiten werden mit dem Skistock gemessen, fünf, sechs Meter. Mehr geben die Schanzen nicht her.
Leupold, der 1868 durchs Gebirge reiste, lobte die Jugend wegen der Schneemänner und Schneehäuser, die sie zu bauen verstünden: „Da bauen die kecken Baumeister von Knaben Schneetunnel in die haushohen Wände, wie ich's bei Jöhstadt und Altenberg sah, mit Bänken ringsherum im Salon ..."
Der Wintersport ist noch jung, keine hundert Jahre alt. Den Skiern gingen die Schneeschuhe voran. Man band sie sich an die Füße, um weniger tief in den Schnee zu sinken. Sie kamen aus dem Norden, zuerst von denen benutzt, die im Freien zu tun hatten und sich fortbewegen mußten. Daraus wurden die Bretter zum Dahingleiten. Mit einem langen Stock stieß sich der Läufer vorwärts oder er klemmte ihn zwischen die Beine, bergabwärts, als Bremse benutzend. Die Bewohner von Carlsfeld bewegten sich schon im 17. Jahrhundert mit Brettern an den Füßen über den Schnee hin. Vielleicht waren sie die ersten im Erzgebirge, die damit umzugehen wußten.
Vermeldet der Wetterbericht gute Schneeverhältnisse, dann hat der Wintersport seine hohe Zeit und bleibt nicht nur das Vergnügen der Kinder. Autos, mit aufgepackten Wintersportgeräten gehören zum Alltagsbild der Straßen. Die Quartiere der Gasthöfe sind belegt. Es ist ein ständiges Kommen und Gehen, besonders an Wochenenden und dann, wenn Schulferien sind im Lande.
Skilifts, über Sommer hinweg tote Stahlfragmente, erwachen zum Leben. Sie zerren Wintersportbegeisterte hangaufwärts, ihnen die schnelle Abfahrt zu ermöglichen. Indessen sind auf Straßen und Schienenwegen die Männer des Winterdienstes unterwegs, um mit Schneepflügen, Vorsatzpflügen und Schneefräsen die Wege für den Fahrverkehr freizuhalten. Selbst nachts sind sie auf den Beinen. Stunden können entscheidend sein! Verpassen sie Räumen und Streuen, kann es zu langdauernden Störungen kommen.
Auf den geräumten Straßen fahren Lastwagen, wichtige Ladungen der Versorgung der Walddörfer, Autobusse mit Arbeitern zu entfernt gelegenen Betrieben oder Reisenden, denen der Urlaub vor der Nase liegt oder die ihn hinter sich haben.
Taut der Schnee, heißt's bei den Leuten im Gebirge:

„Ist der Schnee schon angeschmutzt,
wird er auch bald weggeputzt!"

Ja, die da mit dem Winter leben müssen, werden ihn überdrüssig. Denn was lang dauert, ist nicht mehr schön! Zeigen sich erste fahlgrüne Flecken in der Schneedecke, wird das Wetter wieder der Gegenstand aller Unterhaltung. Und wenn noch nicht in der Natur, so doch in den Köpfen, da hält der Frühling seinen Einzug. Schon stehen die Saatkisten auf den Fensterbänken. Und zeigen sich die ersten Pflänzchen, sieht man in ihnen die Vorboten des Sommers.

Wenn Weihnachten ist im Weihnachtsland

In keiner anderen deutschen Landschaft wird Weihnachten inniger gefeiert als im Erzgebirge. Das Sinnen und Trachten der Leute im Gebirge richtet sich über das ganze Jahr hinweg auf diesen Höhepunkt. Pilze werden für Weihnachten getrocknet, Kaninchen herangefüttert, es wird geschnitzt, gebastelt, Moos vom Wald für den Fensterstock geholt.
Der immer von Gefahr und Nacht umgebene erzgebirgische Bergmann liebte nichts mehr als das Licht. Er bedurfte es unter Tage wie die Luft zum Atmen. Licht war für ihn Sonne, heile Ausfahrt, neuer Anbruch und langes Leben. Besonders in der Winterszeit war die Sehnsucht nach ihm groß. So verknüpfte sich bei ihm stärker als anderswo der Lichtgedanke mit dem Weihnachtsfest. Für den frommen Bergmann war die Geburt von Jesus Christus das Erscheinen des großen Lichtes. Und die Tage nach Weihnachten ließen hoffen, sie wurden wieder länger.
Eine traditionelle Erzgebirgsweihnacht dauert volle sechs Wochen. Sie beginnt mit der Andreasnacht (30. November) und endet mit Hohneujahr (6. Januar). Neben dem eigentlichen Weihnachtsfest hat dieser Zeitabschnitt noch andere Höhepunkte, vor allem Lostage, das sind solche, die über die Zukunft „Anzeichen" geben.
Vom Andreastag an leuchten im Erzgebirge tausend und abertausend elektrische Kerzen aus den Fenstern der Häuser und funkeln in die Nacht hinaus. Ursprünglich, mit Wachsstöcke und Rüböllämpchen von Bergmannsfamilien geübt, die damit dem von der Schicht heimkehrenden Vater entgegenleuchteten, die ihm die lange Nacht unter Tage und die angebrochene über Tage zu verkürzen. Im vorigen Jahrhundert griff der Brauch auch auf andere Familien über und wurde allgemein.
Die Weihnachtszeit beginnt mit einem Lostag. Der 30. November ist dem Heiligen Andreas gewidmet, dem Schutzpatron der Mädchen und Liebesleute. Kein Wunder, daß sie von ihm Hinweise erwarten von künftigen Geschehen in Liebes- und Ehesachen. Eine Vielzahl von Bräuchen und Verrichtungen gibt es, die man beachten muß, will man näheres über sein Schicksal erfahren. Man wirft rücklings einen Pantoffel gegen die Tür, zu Mitternacht einen Kranz gegen eine Baumkrone, pocht an einen Hühnerstall, lauscht auf einem Kreuzweg nach Hundegebell oder anderen Geräuschen.
Bei Tage schneidet man Kirschzweige und bringt sie ins Zimmer. Wenn man bei diesem „Rütlein holen" nicht spricht, erblühen die Zweige in der Weihnachtszeit. Wer am Andreasabend stirbt, kommt mit Gewißheit in den Himmel, wer die Stube ausfegt, den meiden im kommenden Jahr die Fliegen und das Ungeziefer.
Andreastag ist aber auch der Tag, an dem die Weihnachtssachen vom Boden geholt und aufgestellt werden: Lichtträger, Pyramiden, Räuchermänner

und die Drehspinne, Krippe, Schwibbogen und die Kisten und Kasten mit den Figuren, Häusern und Mechanismen für den Weihnachtsberg.
Zu den traditionellen erzgebirgischen Lichtträgern gehören Engel und Bergmann, Himmlisches und Irdisches verkörpernd. Das sind gedrechselte, bemalte, etwa 30 Zentimeter hohe Holzfiguren. Die erzgebirgischen Lichterengel tragen eine flache Bergmütze und immer eine vorgebundene Schürze. Man sagt, damit wolle man engelsgleich die Frau des Bergmanns darstellen. Gedrechselt, sind es immer einfache Bergleute, geschnitzt meist Steiger oder andere Bergoffizianten. Immer aber sind sie in ihrem Festwichs, niemals in Arbeitskleidung.
In den Familien hatte ursprünglich jedes Kind eine solche Figur, jedes Mädchen einen Engel, jeder Junge einen Bergmann. Standen sie abends kerzenbesteckt am Fenster, konnte jeder Fremde leicht die Anzahl der im Haus lebenden Kinder, getrennt nach Mädchen und Jungen, erkennen.
Die beiden Figuren entstammen dem sakralen Bereich. Nach dem Dreißigjährigen Krieg ersetzte man die geraubten Silberleuchter durch zinnerne Bergmannsfiguren auf den Altären. Der Lichterengel ist die stilisierte Nachbildung der durch die Reformation und Aufklärung aus den Kirchen verbannten Schwebeengel. Traditionsbewußte Erzgebirgsfamilien haben eine solche Engelsfigur in der Weihnachtszeit in ihrem Zimmer hängen, meist mit einem Spruchband in den Händen mit „Ehre sei Gott in der Höhe!" oder „Friede auf Erden!"
Im Erzgebirge besitzt jede Familie ihre Pyramide. Es gilt überhaupt als ihr Ursprungsland. Pyramiden sind die freie Nachbildung des Pferdegöpels, eine im Bergbau verwendete Hebemaschine, durch Pferde betrieben. Ein- oder mehrstöckig hat sie einen bevorzugten Platz im Zimmer. Die Wärme der aufgesteckten brennenden Kerzen betreibt das darüber angebrachte Flügelrad und damit die Spindel, an der die einzelnen Teller befestigt sind. Auf ihnen stehen gedrechselte Figuren, vielleicht auch geschnitzte: Bergparaden darstellend, Typen des dörflichen Gemeinschaftslebens oder Szenen der Weihnachtsgeschichte.
Meterhohe elektrisch angetriebene und beleuchtete Ortspyramiden gibt es seit 1933. Zur Weihnachtszeit stehen sie auf Marktplätzen, vor Schulen und Rathäusern oft neben dem „Christbaum für alle". Sie sind durchweg das Gemeinschaftswerk von Schnitzern, Bastlern und Handwerkern eines Ortes. Gegenwärtig gibt es an die 170 Ortspyramiden im Erzgebirge. Als eine der schönsten und ältesten gilt die von Schwarzenberg. Mit 13 Meter Höhe ist die von Chemnitz die augenblicklich größte. In den letzten Jahren kommen auch solche in Gärten hinzu, nicht ganz so groß, und sind das Gegenstück zur kerzenbestückten Blautanne.
Ein beliebter erzgebirgischer Lichtträger ist der Schwibbogen. Seit dem 18. Jahrhundert von Bergschmieden aus Schwarzblech hergestellt, ein Stollen-

mundloch darstellend, über das ein Sternenhimmel leuchtet, diente er als Kerzenhalter zur Mettenschicht im Huthaus. Das war die letzte Schicht der Bergleute vor dem Heiligabend, die man mit einer kleinen Feier abschloß. Heute stellt man Schwibbogen serienmäßig aus Holz und Blech her. Sie stehen auf Fensterbrettern und Möbelstücken, und das nicht nur im Erzgebirge. Inzwischen gibt es auch überdimensional große, häufig an den Zufahrtsstraßen der Städte und Gemeinden, deren elektrische Kerzen in der Weihnachtszeit erstrahlen.
Zu den typisch erzgebirgischen Weihnachtsfiguren gehören die Räuchermänner. Das sind kleine, aus Holz gedrechselte Figuren mit einem hohlen, abnehmbaren Rumpfteil, in das man ein schwelendes Räucherkerzchen stellt. Der aufsteigende Rauch zieht durch das im Kopf vorhandene Mundloch und täuscht dadurch vor, das Männlein rauche. Die Figuren stellen Typen dar, denen eine Tabakspfeife besonders gut steht und die eine gewisse Ruhe und Gelassenheit verkörpern: Rastelbinder, Vogelhändler, Waldarbeiter, Förster, Türken, Briefträger und Schornsteinfeger.
Für Nußknacker wählt man bärbeißige Vorlagen: grimmige Könige, Husaren, Gendarmen. Figürlich gestaltete Nußknacker werden seit Jahrzehnten von den Spielzeugdrechslern in und um Seiffen hergestellt. Die schönsten und urwüchsigsten Figuren kommen seit Generationen aus der Werkstatt der Familie Füchtner.
Mit Vorliebe und ständig neuen Ideen bauen die erzgebirgischen Schnitzer und Bastler Jahr für Jahr ihren Weihnachtsberg in der Stubenecke auf, deshalb auch „Winkel“ geheißen. Und da solche Berge mit der Zeit immer größer werden, beanspruchen sie ganze Zimmer für sich. Die von Schnitzgemeinschaften geschaffenen Berge haben Größen, die Turnhallen beanspruchen. Auf diesen Bergen sind meist heimische Landschaften dargestellt, Bergwerke, Wald und Jagd. Nicht selten geriet eine orientalische Krippe mitten hinein. Ihre Fremdheit in der Landschaft stört nicht. Jedoch erfolgt die Geburt des Jesuskindes auch in einer Hutstube oder Bergschmiede.
Die eine oder andere Miniaturlandschaft wurde nach und nach mechanisiert. Unter oder hinter dem Berg versteckt, laufen Wellen, Kurbeln, Räder und allerlei Getriebe. Sie bewegen Bergparaden, Pochwerke, lassen Bergleute ein- und ausfahren, Kinder den Dorfberg berodeln.
In manchen Familien wird der Adventskranz noch geflochten, an die Decke gebracht und mit Kerzen besteckt. An seine Stelle ist der Weihnachtsstern getreten, das ist ein etwa 50 Zentimeter großer roter oder gelber vielzackiger und von Innen beleuchteter Papierstern. Ebenso gebräuchlich ist die Leuchter- oder Drehspinne. Die Spindel dieses Deckenleuchters ist aus Holz gedrechselt und buntbemalt, die Arme sind dicke, gebogene Drähte, die an den Enden Lichtertüllen tragen. Findige Köpfe haben den Leuchter drehbar gemacht. Wie eine Pyramide hat er über sich ein Flügelrad. Durch die aufstei-

gende Kerzenwärme wird er samt der Lichter in eine Drehbewegung gebracht.
Der Nikolaustag hat als Lostag im Erzgebirge keine Bedeutung mehr. Sankt Nikolaus geht in Begleitung des Bornkindels an den Türen vorüber und steckt Gaben in die davorstehenden Schuhe und Stiefel. Das muß schon zu Luthers Zeiten so gewesen sein. In dessen Hausrechnung von 1535/36 befindet sich ein Posten „Geschenke für St. Niklas". Aus dem Jahre 1862 sind spezielle Backwerke bekannt, Niklaszöpfe.
Seit Jahrhunderten sind die Orte und Termine der Weihnachtsmärkte im Gebirge festgelegt. Es sind durchweg „Krammärkte". Auf ihnen kaufen die Leute billiges „Weihnachtszeug": Baumschmuck, Krippenfiguren, Pfefferkuchen, Meterspitze, Zuckerwatte, Tonzeug, Bettwäsche und Seife. Schausteller und Lustbarkeiten sind den Märkten fremd. Gab's am Ort keine Försterei, verkaufte man auch Christbäume auf dem Markt oder in seiner Nähe. Denn auch der Baum gehörte unbedingt in die erzgebirgische Weihnachtsstube. Dabei ist er noch gar nicht so alt im Weihnachtsgeschehen. Erstmals wird der auf dem Tisch stehende Baum in Sachsen 1737 in Zittau erwähnt. Im vorigen Jahrhundert hing er an der Spitze festgemacht als Leuchter von der Stubendecke.
Noch vor wenigen Jahren wäre es undenkbar gewesen, seinen daheim zubereiteten Stollenteig nicht beim Bäcker ausbacken zu lassen. Wochenlang waren die Bäcker damit beschäftigt. Es gehörte für Kinder zu den großen Erlebnissen, den duftenden Stollen abends heimzutragen. War er im Haus, wurde ein mitgebackener Kartoffelkuchen angeschnitten. Weihnachtsstollen werden heute gekauft. Jeder Hersteller schwört darauf, einzig und allein den original erzgebirgischen Weihnachtsstollen zu backen. Das Gebäck ist Jahrhunderte alt. Im Erzgebirge kommt es erstmals 1571 im Städtchen Wolkenstein vor.
Neben den allgemeinen Festvorbereitungen hat jeder Ort seine Sonderheiten. So finden an den Montagen vor dem Fest in Schneeberg „Glückaufabende" statt, das ist ein mehr als hundert Jahre alter Brauch, anderenorts bläst man zu den Adventssonntagen vom Turm, veranstaltet öffentliche „Hutzenabende" oder erfreut sich des Gesangs der Kuchen- oder Kurrendesänger.
Höhepunkt der Erzgebirgsweihnacht ist der 24. Dezember, der Heiligabend. Den ganzen Tag über ist man damit beschäftigt, den Abend vorzubereiten. Der Vater und die Kinder putzen den Christbaum an, die Leuchter erhalten frische Kerzen, Feuerung muß herzu, die Mutter kommt vom Ofen kaum fort, um zu kochen, backen, braten. Früher streute man Haferstroh in die Wohnstube, in Erinnerung an den Stall von Bethlehem. Mittags gibt es schmale Kost, damit man sich den Hunger für den Abend aufhebt. Gänseklein zu Hirse, Reis oder Nudeln!
Mit Beginn der Nacht, Schlag 18.00 Uhr, sitzt die Familie am Tisch zum „Hei-

ligabendessen". Im Erzgebirge ist das eine Kulthandlung, jede Familie hat ihren Ritus. Alle Kerzen brennen, die von der Pyramide, vom Christbaum, Laufleuchter, Schwibbogen, Engel und Bergmann. Auf der Tafel brennt das Tischlicht. Ein Gedeck ist mehr aufgelegt, gedacht für einen Hungrigen, der um Einlaß bittet. Jeder weiß unter seinem Teller ein Geldstück. Dadurch geht es im kommenden Jahr nicht aus.
Sobald die Familie sitzt, darf niemand mehr aufstehen, denn den würde man im nächsten Jahr bestehlen. Wer es aber doch tut, müßte im Stehen weiteressen. Neunerlei Speisen sind aufgetragen. Neun ist die einzige Zahl, die sich durch drei teilen läßt. Man ißt Gans, Hase, Kaninchen, Schweinebraten oder Bratwurst. Jede der neun Speisen hat ihre Bedeutung. Klöße bringen Taler ins Haus, Linsen Groschen, Hirse schafft Kleingeld. Die Klöße müssen ungezählt bleiben. Zählt man sie aber doch, muß sich eine ungerade Zahl ergeben. Wer Sauerkraut ißt, dem wächst langes Stroh zu. Nudeln bringen langes Geld, quellende Speisen körperliches Wachstum. Fehlt Brot auf dem Tisch, fehlt es das ganze Jahr über. Sellerie verspricht Fruchtbarkeit, Blaubeeren bringen Trauer ins Haus. Wer Buttermilch trinkt, bekommt zwar keine Kopfschmerzen, dafür tropft ihm das ganze Jahr über die Nase. Jeder muß von den neun Speisen wenigstens einen Löffel voll essen. Alle müssen ihre Teller ableeren, das bringt für das neue Jahr gutes Wetter. Nur die Mutter darf Reste übriglassen.
Sind Weihnachtsmann und Nikolaus lediglich Gabenbringer, so muß „Hans Rupperich", der erzgebirgische Knecht Ruprecht, das ganze Jahr über draußen im Wald die Spielsachen herstellen. Die schleppt er Heiligabend, ist nur erst das Essen vorüber, im Sack rücklings heran. Ärmlich ist er gekleidet: mit dickem Mantel, derbem Schuhwerk, hereingezogener Mütze, mit Rute und Laterne, so poltert er in das Haus. Sobald er in die Stube tritt, sagen die Kinder ihr Sprüchlein auf, wie:

„Rupperich, Rupperich, du mußt wissen,
meine Schuh die sei zerrissen
un mei Klaad, dos hat e Loch,
aah enn Mantel brauch ich noch."

Guten Kindern beschert der „Rupperich", böse Kinder straft er.
Nachdem sich Eltern und Geschwister gegenseitig bescherten, bleibt die Familie beieinander. Das schließt nicht aus, auf einen Sprung den Nachbarn zu besuchen, um zu sehen, was es dort für ein „Bornkinnel" gab. Gerne wird auch Blei gegossen. Das durch Erhitzen verflüssigte Metall gießt man mit einer Schöpfkelle in bereitstehendes Wasser. Die sich dabei bildende Form versucht man zu deuten und will daraus Schicksalbestimmendes erkennen.
Traditionsbewußte Familien gehen zeitig ins Bett, denn man will am Weihnachtsmorgen, noch zu nachtschlafender Zeit, die Metten besuchen, einen Frühgottesdienst, zu dem das Mettenspiel aufgeführt wird. Zum Kaffeetrin-

ken nach dem Kirchgang wird der erste Weihnachtsstollen angeschnitten, so will es zumindest die Überlieferung.

In manchen Orten bläst man noch vor der Metten vom Turm. Seit drei Jahrhunderten steigen in Schneeberg Sänger auf den Turm von Sankt Wolfgang, die Weihnacht zu besingen. In Neustädtel singt man von der Bergwerkshalde herab. Anderenorts gibt es einen Bergaufzug oder den gemeinsamen Kirchgang der Bergbrüderschaft oder Knappschaft.

Die zwölf Internächte sind allesamt Lostage. Was man in ihnen träumt, geht in Erfüllung oder ist ein „Anzeichen", wenn man es zu deuten versteht. „Internächte machen das Wetter zurechte", sagen die Bauern. Wenn es stürmt und schneit, wird ein schöner Sommer, bleibt es ruhig, wartet man vergeblich darauf. Während dieser Zeit muß man viele Gebote und Verbote beachten, um gut durch das neue Jahr zu kommen. So darf man in den Internächten nicht backen, scheuern, waschen, sich keine Haare schneiden lassen, nicht buttern und nicht klöppeln.

Silvester wird wie zum Weihnachtsheiligabend pünktlich 18.00 Uhr gegessen, wieder Neunerlei. Und schließlich noch ein drittes Mal, und das am Hohneujahrsheiligabend. Danach ist Weihnachten vorüber. Am nächsten Tag räumt man die Weihnachtssachen fort, putzt den Baum ab und bringt ihn mit den anderen Dingen in die Bodenkammer. Dann schlägt der Blitz nicht ein.

Inhaltsverzeichnis

Erzgebirge – Eine Landschaft stellt sich vor 5
Zwickau ist die Geburtsstadt von Robert Schumann 11
Schneeberg steckt voller Tradition 17
Was sprechen die Leute für ein Deutsch? 25
Aue hat Brücken im Wappen 30
Den Erzgebirgern in den Kochtopf geguckt 35
Und Sankt Georg kam ins Schwarzenberger Wappenbild 39
Klöppeln, Schnitzen, Hutzengehen 48
Sankt Annen und der Hammer im Tal 55
Goethe studiert den erzgebirgischen Bergbau 63
Oberwiesenthal – am höchsten! 67
Geyersche Binge und die Greifensteine 75
Augustusburg & Co. 85
Marienberg ist Annabergs Tochterstadt 91
Seiffener Drechselspäne 96
Abstecher nach Frauenstein und Brand-Erbisdorf 103
Goldene Pforte – nicht zum Anklopfen 108
Winter im Gebirge 115
Wenn Weihnachten ist im Weihnachtsland 121

Über das Erzgebirge erschien außerdem:

Gerhard Heilfurth / Ehrhardt Heinold / Hans Jürgen Rau

Weihnachtsland Erzgebirge

Geschichte und Geschichten, Volkskunst, Holzspielzeug, Sitten und Bräuche, Lieder, Gedichte und Rezepte

2. Auflage, 157 Seiten, zahlreiche, teils farbige Abbildungen

Keine zweite deutsche Landschaft hat wie das Erzgebirge den Ruf eines „Weihnachtslandes", was auf den Traditionen und Gebräuchen beruht, die diese Region geprägt haben. Das Mosaik der weihnachtlichen Brauchelemente zeigt viele Varianten mit einer reizvollen Mischung von feierlichem Ernst und lustiger Schelmerei, von Repräsentation nach außen und Besinnlichkeit im häuslichen Kreis. Das Buch informiert über die bunte Fülle der Festgestaltung, über die Wunderwelt der Figuren und Basteleien. Aus den Schnitz-, Drechsel- und Malwerkstätten des Erzgebirges stammen ganze Heerscharen bekannter Figuren: das charakteristische Paar Engel und Bergmann als Lichtträger, Räuchermänner und Nußknacker, Puttenorchester, Bergaufzüge, Kurrendesänger und vieles andere. Die volkstümliche Krippenkunst hat dabei eine besondere Spielart entwickelt, die „Weihnachtsberge" mit ihrer Gestaltenvielfalt und ihren kunstfertigen technischen Tüfteleien. Wahre Glanzstücke der weihnachtlichen Leuchterformen bilden auch die erzgebirgischen „Drehpyramiden" in ihrem Zusammenspiel von Licht und Bewegung. Vom eigenartigen Zauber dieser Weihnachtskunst und -stimmung künden schließlich Erzählungen, Gedichte und Lieder, viele in Mundart, und in manchem Bericht wird geschildert, unter welchen Bedingungen diese Volkskunst einst entstand und noch heute gepflegt wird.